基本がわかる CD付

はじめての韓国語

文法をしっかり学びたい人へ

石田美智代

成美堂出版

はじめに

　外国語を学ぶというのは、本当に楽しいことです。外国語を学ぶことによって、その国の文化や歴史、日本とその国の関係などについての興味が広がり、自分の世界が目に見えて広がっていきます。ただ、「楽しさ」を感じる前に、「難しさ」が壁になってしまうことも事実です。韓国語は、助詞の使い方や漢字の読み方など、日本語と似ている部分も多いですが、文字の形をはじめ、日本語と違う部分に「難しさ」を感じる方も少なくないでしょう。

　本書では、その壁を取り払うため、韓国語の文法を体系的に学べるように工夫を尽くしました。文字のしくみや発音から、いろいろな構文や活用のしくみまでをていねいに説明しています。基本的な動詞・形容詞の活用に加え、苦手意識を持つ方が多い変則活用にも多くのページを割いていますので、韓国語の基礎がしっかり身につくことと思います。

　発音に関しては、日本語にない音をもつ韓国語をカタカナのルビで表現するには限界がありますので、付属のCDを繰り返し聞いて、韓国語らしい発音を身につけてください。

　私の担当している韓国語講座でも、毎週、誰かしらが「韓国旅行をしてきました」と報告してくれます。韓国が日本人にとってとても身近な外国になったことを実感します。本書で基本的な文法を身につけたら、ぜひ現地韓国へ行って、韓国語が通じる喜びを体験してください。

　最後に、ネイティブの立場から細かくアドバイスをくださった鄭淑然さんに特別の感謝を申し上げます。

石田美智代

本書の構成

本書では、基本をきちんと理解するための韓国語のしくみを学習していきます。第1章では文字のしくみと発音、第2章では名詞を使った表現、第3章では動詞・形容詞の活用のしくみ、第4章では応用表現を学びます。

※ 本書の巻頭には切り取って使える反切表（ハングルの一覧表）、巻末には取り外して使える別冊のカテゴリー別単語帳があります。また、付属の赤いシートを使うと、韓国語のカタカナルビなどを隠すことができますので、韓国語が身についたかを確認するのに役立ててください。

● 第1章：ハングルのしくみと発音

韓国語の基礎となる文字「ハングル」のしくみと、その発音を中心に学んでいきます。まだこの章では文法にはふれませんが、そのまま覚えて便利なかんたんフレーズもまとめています。

● 第2章：名詞文のしくみ

名詞に「～です」をつけるだけでできる名詞文を学んでいきます。「～ですか？」をつければかんたんな質問ができる疑問詞ごとにまとめており、関連する単語を覚えて「～です」をつければ、質問に答えることもできます。

● 第3章：活用のしくみ

「活用の基本」では、「です・ます」の文末表現にするときや、尊敬や過去を表すときなどの、動詞・形容詞の変化（活用）の基本を学んでいきます。動詞・形容詞の具体的な例で、活用のしくみをわかりやすくまとめています。

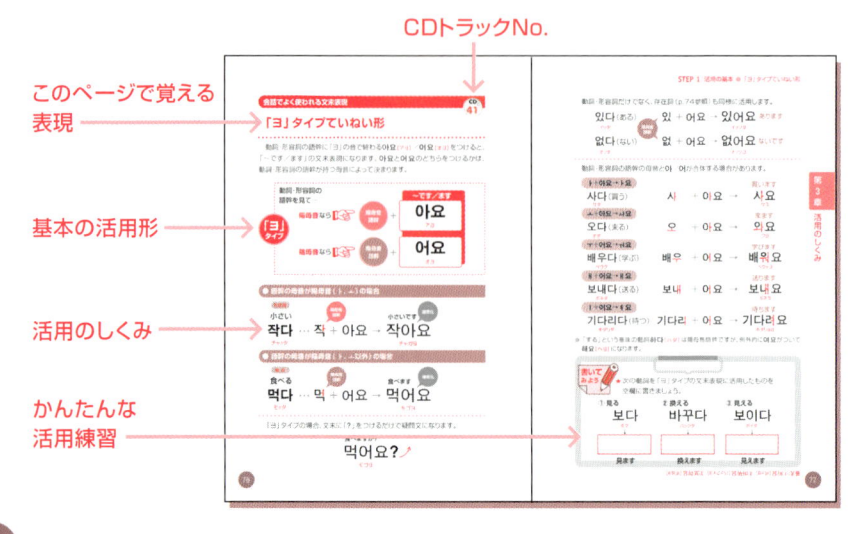

本書の構成

「おもな用言の活用」では、おもな動詞・形容詞をとりあげ、それらが実際にはどのように活用するのか、活用のバリエーションがひと目でわかるようにまとめています。

フレーズのバリエーション
付属のシートで 特に覚えたい箇所の韓国語とカタカナルビを隠すことができます。

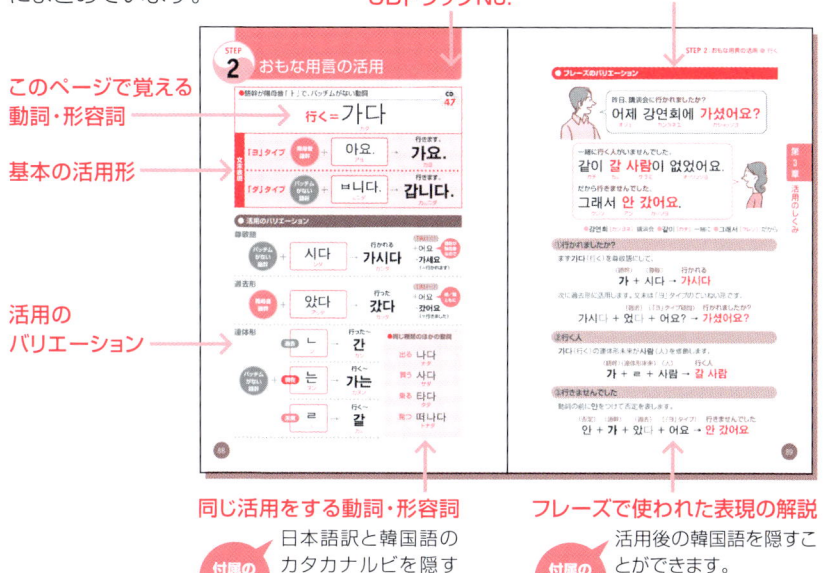

CDトラックNo.

このページで覚える動詞・形容詞

基本の活用形

活用のバリエーション

同じ活用をする動詞・形容詞
付属のシートで 日本語訳と韓国語のカタカナルビを隠すことができます。

フレーズで使われた表現の解説
付属のシートで 活用後の韓国語を隠すことができます。

● 第4章：応用表現のしくみ

連用形や連体形などの応用表現を学んでいきます。第3章と同様、動詞・形容詞の活用のバリエーションを見て、活用のしくみを理解しながら、さまざまな表現を身につけてください。

※ 第2章～第4章の最後には、その章で覚えた内容を復習する「おさらい練習」があります。

● 別冊：カテゴリー別単語集

第2章で掲載している単語よりも豊富な内容のカテゴリー別単語集は取り外すことができるので、持ち運びにも便利です。

付属のCDについて
付属のCDでは、CDトラックマークがついている箇所の音声を聞くことができます。単語／フレーズは、日本語→韓国語の順で収録しています（p.54「地名」は韓国語のみ）。

本書では韓国語の発音をローマ字やカタカナで表記していますが、日本語にはない音もあり、正確に表すことはできません。また、分かち書き（p.69参照）していても会話では続けて読む場合に、音が変化することもあります。発音表記はあくまで参考にとどめ、正しい発音はCDで確認してください。

目次

第1章 ハングルのしくみと発音

基本1 ハングルの基本
- ハングルとは ・・・・・・・・・・・・・・・・・ 12
- 文の構造 ・・・・・・・・・・・・・・・・・・・・・ 12
- ハングルのしくみ ・・・・・・・・・・・・・ 13

基本2 母音
- 基本母音 CD 2 ・・・・・・・・・・・・・・・・ 14
- 半母音 CD 3 ・・・・・・・・・・・・・・・・・・ 16

基本3 子音
- 平音（基本子音） CD 4 ・・・・・・・・ 18
- 激音と濃音 CD 5 ・・・・・・・・・・・・・・ 20
- パッチム CD 6 ・・・・・・・・・・・・・・・・ 22

基本4 発音の変化
- ①有声音化 CD 7 ・・・・・・・・・・・・・・ 24
- ②濃音化 CD 8 ・・・・・・・・・・・・・・・・ 25
- ③連音化 CD 9 ・・・・・・・・・・・・・・・・ 26
- ④弱音化 CD 10 ・・・・・・・・・・・・・・・ 27
- ⑤鼻音化 CD 11 ・・・・・・・・・・・・・・・ 28
- ⑥激音化 CD 12 ・・・・・・・・・・・・・・・ 29
- ⑦流音化 CD 13 ・・・・・・・・・・・・・・・ 29

基本5 助詞
- おもな助詞 CD 14 ・・・・・・・・・・・・・ 30

基本6 ハングルで表す
- 日本語のハングル表記 ・・・・・・・・ 32
- 英語のハングル表記 ・・・・・・・・・・ 33
- 漢字のハングル表記 CD 15 ・・・・ 34

●かんたんフレーズ
- あいさつ CD 16 ・・・・・・・ 36
- はい／いいえ CD 17 ・・・ 37
- 返事／あいづち CD 18 ・・・ 38
- お礼／おわび CD 19 ・・・ 39

●コラム：子音の形が表すもの ・・・・・・・・・・・・・・・・ 40

第2章 名詞文のしくみ

STEP 1 名詞＋です
- 「ヨ」タイプていねい形 CD 20 ……… 42
- 「ダ」タイプていねい形 CD 21 ……… 43

STEP 2 疑問詞
- おもな疑問詞 CD 22 ……… 44
- 何ですか？ ……… 45
  - 関連単語
    - 食材・料理の種類 CD 23 ……… 46
    - メニュー CD 24 ……… 47
    - 食事 CD 25 ……… 48
    - ショッピング CD 26 ……… 49
    - ファッション CD 27 ……… 50
- どこですか？ ……… 51
  - 関連単語
    - 位置・方向／指示語 CD 28 ……… 52
    - ランドマーク CD 29 ……… 53
    - 地名 CD 30 ……… 54
    - 交通 CD 31 ……… 55
    - 身体の部位 CD 32 ……… 56
- どの〜ですか？ ……… 57
- 誰ですか？ ……… 58
  - 関連単語
    - 人間関係 CD 33 ……… 59
- いつですか？ ……… 60
  - 関連単語
    - 時制 CD 34 ……… 61
    - とき CD 35 ……… 62
    - 気候・季節 CD 36 ……… 63
    - 暦 CD 37 ……… 64
    - 韓国の祝日 CD 38 ……… 65

STEP 3 数字
- 漢数字 CD 39 ……… 66
- 固有数字 CD 40 ……… 68

- ●おさらい練習 ……… 70
- ●コラム：文末表現のニュアンスの違い ……… 72

第3章 活用のしくみ

STEP 1 活用の基本

韓国語の用言 74

活用の種類 75

「ヨ」タイプていねい形 CD 41 76

「ダ」タイプていねい形 CD 42 78

過去形 CD 43 80

尊敬語 CD 44 82

否定形 CD 45 84

連体形 CD 46 86

STEP 2 おもな用言の活用

行く CD 47 88
（語幹が陽母音「ㅏ」で、パッチムがない動詞）

見る CD 48 90
（語幹が陽母音「ㅗ」で、パッチムがない動詞）

くれる／あげる CD 49 92
（語幹が陰母音「ㅜ」で、パッチムがない動詞）

生じる CD 50 94
（語幹が陰母音「ㅣ」で、パッチムがない動詞）

する CD 51 96
（陽母音語幹に例外的に여요がつく、パッチムがない動詞）

なる CD 52 98
（語幹が陰母音「ㅚ」で、パッチムがない動詞）

探す CD 53 100
（語幹が陽母音「ㅏ」で、パッチムがある動詞）

同じ CD 54 102
（語幹が陽母音「ㅏ」で、パッチムがある形容詞）

着る CD 55 104
（語幹が陰母音「ㅣ」で、パッチムがある動詞）

少ない CD 56 106
（語幹が陰母音「ㅓ」で、パッチムがある形容詞）

目次

STEP 3 変則活用

おもな変則	108
ㄹ変則	109
ㅇ変則	110
ㅂ変則	111
ㄷ変則	112
ㅅ変則	113
르変則	114
ㅎ変則	115

STEP 4 おもな用言の変則活用

作る（ㄹ変則の動詞）CD 57	116
かわいい（ㅇ変則の形容詞）CD 58	118
難しい（ㅂ変則の形容詞）CD 59	120
聞く（ㄷ変則の動詞）CD 60	122
混ぜる（ㅅ変則の動詞）CD 61	124
速い（르変則の形容詞）CD 62	126
そうだ（ㅎ変則の形容詞）CD 63	128

● おさらい練習 ……………………………………… 130
● コラム：過去のことを否定する場合 ……………… 132

第4章 応用表現のしくみ

STEP 1 連用形の応用

〜ている（状態）CD 64	134
〜てくれる（行為を受ける）CD 65	136
〜てみる／〜てくる（複合動詞）CD 66	138
〜て／〜ので（理由）CD 67	140
〜てもいい（許可）CD 68	142
〜になる（変化）CD 69	144
〜なければならない（義務）CD 70	146

STEP 2	連体形の応用	～のし方（方法）CD 71 ･････････････････ 148
		～だろう（未来表現）CD 72 ･･････････････ 150
		～ことができる（可能）CD 73 ･･･････････ 152
		～ことがある（経験）CD 74 ･････････････ 154
		～ですが（婉曲）CD 75 ･･･････････････････ 156
		～のとき（特定のときを表す）CD 76 ･･･ 158

STEP 3	連用形・連体形以外の表現	～ている（現在進行形）CD 77 ･･････････ 160
		～たい（希望）CD 78 ･････････････････････ 162
		～だろう（推量）CD 79 ･･･････････････････ 164
		～ましょう（意志）CD 80 ･････････････････ 166
		～ですね（同意をうながす）CD 81 ･･････ 168
		～ましょうか?（意志を尋ねる）CD 82 ･･ 170
		～ましょう（勧誘）CD 83 ･････････････････ 172
		～ですね（詠嘆①）CD 84 ･････････････････ 174
		～ですね（詠嘆②）CD 85 ･････････････････ 176

STEP 4	接続の表現	～が（逆接）CD 86 ･･･････････････････････ 178
		～なら（仮定）CD 87 ･････････････････････ 180
		～に／～ために（動作の目的）CD 88 ･･ 182
		～ながら（同時進行）CD 89 ･･･････････････ 184
		～だから（理由①）CD 90 ･････････････････ 186
		～なので（理由②）CD 91 ･････････････････ 188

● おさらい練習 ･･･ 190

ハングル反切表（子音と母音の組み合わせ一覧表）･････････（巻頭）
別冊：カテゴリー別単語帳 ･･････････････････････････････････（巻末）

第1章

ハングルの しくみと発音

- まず、韓国語の基礎となる文字「ハングル」のしくみとその発音を中心に学習をスタートします。この章でハングルの基本をしっかり身につければ、最初は記号のように見えるハングルも文字として読み取ることができるでしょう。

基本1 ハングルの基本

韓国語は日本語と文法が似ているので、とても学びやすい言語ですが、文法を説明する前に、この章では韓国語を表す文字「ハングル」について、そのしくみと発音を学習していきます。

☯ ハングルとは

ハングル（**한글**）とは、「偉大な文字」という意味で、韓国語で使われている文字のことです。言語のことではなく、日本語の「ひらがな」や「カタカナ」にあたる文字の名前ですので、「ハングル語」というと間違った表現になります。

ハングルは、1443年に朝鮮王朝第4代国王の世宗（セジョン）によって創られ、1446年に『訓民正音』という本の形で公布されました。韓国ではそれまで漢字が使われていましたが、一般庶民にも使いやすい文字を作ろうとハングルが作られたわけです。

ハングルは、アルファベットと同じ表音文字です。子音と母音の組み合わせでひとつの文字になっているので、子音と母音それぞれの発音がわかれば、ハングルを読めるようになります。ちなみに、母音は「天・地・人」を、子音は発音するときの舌やのどの構造を模して作られています。

☯ 文の構造

韓国語は日本語と語順がほぼ同じで、文法が似ています。例えば、次の文を見てください。

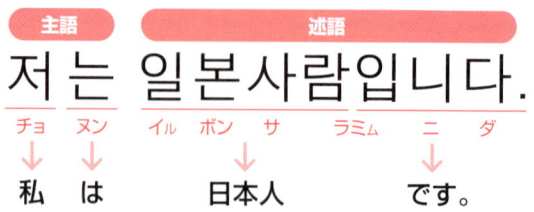

主語		述語	
저	는	일본사람	입니다.
チョ	ヌン	イル ボン サ ラミム	ニ ダ
↓	↓	↓	↓
私	は	日本人	です。

このように、韓国語も日本語と同様、名詞に助詞を接続させ、文の最後が述語で終わります。ですから、基本的には日本語をそのまま韓国語に置き換えると、韓国語の文を作ることができます。

● 韓国語の句読点は「、」→「, (コンマ）」に、「。」→「. (ピリオド）」になります。また、文節の区切りなどではスペースをあけて書きますが、これを「分かち書き」といいます。

基本1：ハングルの基本 ● ハングルとは〜文の構造〜ハングルのしくみ

🌀 ハングルのしくみ

ハングルには、子音と母音を上下に組み合わせるものと、左右に組み合わせるものがあります。

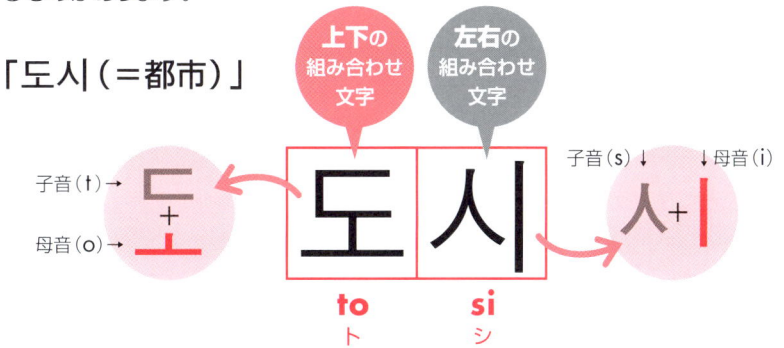

「도시（＝都市）」

上下の組み合わせ文字 ／ 左右の組み合わせ文字

子音（t）→ 도　母音（o）→
子音（s）↓ ↓母音（i）　시

to ト　si シ

また、「子音＋母音」の下に、もうひとつ子音がつく文字もあります。このとき、最初の子音は「初声」、次の母音は「中声」、最後の子音は「終声」と呼びます。

「산（＝山）」

左右の組み合わせ ＋ 下に子音の文字

初声 子音（s）↓　↓母音（a）中声
산
子音（n）終声

san サン

※文字のバランス

子音と母音を上下に組み合わせた文字では、子音と母音がそれぞれ横長になりますが、左右に組み合わせた文字ではそれぞれ縦長になります。

子音ㄱの場合、母音の左に並ぶ場合は、若干左側に払い、カタカナの「フ」の形に近くなりますが、母音と上下に並ぶ場合は、縦にほぼ垂直におろす形になります。

도　다
가（左にはらう）　고（ほぼ垂直に）

※書体によって形が異なる

韓国語にもさまざまな書体があり、書体によっては文字のパーツが微妙に違う形になっています。

ゴシック体　明朝体
자 ＝ 자
子音の形（ㅈとス）が違って見える

第1章 ハングルのしくみと発音

13

基本 2　母音

ハングルの文字を構成する母音と子音のうち、まず母音を覚えましょう。一般に「韓国語の母音は21個ある」と言われますが、基本的な母音を8個マスターすれば、残りの母音はおまけのように覚えることができます。

基本母音　CD 2

子音「ㅇ」に基本母音8個を組み合わせて、その発音を見てみましょう。

ㅏ	→ 아	a	日本語の「ア」とほぼ同じ
ㅓ	→ 어	ŏ	口を広く開けて「ア」の口で「オ」と発音
ㅗ	→ 오	o	口を丸くすぼめて「オ」と発音
ㅜ	→ 우	u	口を丸くすぼめて「ウ」と発音
ㅡ	→ 으	ū	「イ」の口の形で「ウ」と発音
ㅣ	→ 이	i	日本語の「イ」とほぼ同じ
ㅔ	→ 에	e	日本語の「エ」とほぼ同じ
ㅐ	→ 애	e	ややあごを下に開いて「エ」と発音

※音のない子音「ㅇ」(p.18参照)と組み合わせた文字は、母音だけの発音になります。

基本2：母音 ● 基本母音

● 母音ㅏ、ㅣ、ㅔは、日本語の母音とほぼ同じなので発音しやすいですが、ㅓとㅗ、ㅜとㅡは日本語の母音とは違う発音です。音声をよく聴き、口の開き方（広く開けるか、せまく開けるか）を意識して練習してください。

※発音のローマ字表記について

韓国語の母音には、「オ」「ウ」「エ」と発音するものがそれぞれ2つずつありますが、カタカナではこの2つの発音の違いを区別できないので、本書では

「オ」…	口を広く開けて発音する ㅓ	= ō
	口を丸くすぼめて発音する ㅗ	= o
「ウ」…	口を丸くすぼめて発音する ㅜ	= u
	「イ」の口の形で発音する ㅡ	= ū

と、ローマ字で区別して表します。

「エ」と発音するㅔとㅐも、本来は上記のような発音の違いがありますが、最近では韓国でも区別して発音されないので、ローマ字はどちらも同じeで表します。

第1章 ハングルのしくみと発音

発音してみよう ★「ㅇ」+基本母音の文字を使った単語を発音してみましょう。

오이 = キュウリ　　아이 = 子ども
oi［オイ］　　　　　ai［アイ］

우애 = 友愛　　　　에어 = エアー（英語のair）
ue［ウエ］　　　　　eō［エオ］

半母音

　日本語では「y」は子音として扱い、母音と組み合わせると「ヤ」行の発音になりますが、韓国語では「ヤ」行にあたる音を**半母音**と呼び、母音の仲間として扱います。基本母音に短い棒を一本足すと、「ヤ」行の半母音になります。

基本母音		半母音		
ㅏ a	→	ㅑ	야 ya	「ヤ」の音
ㅓ ō	→	ㅕ	여 yō	口を広く開けて「ヨ」
ㅗ o	→	ㅛ	요 yo	口を丸くすぼめて「ヨ」
ㅜ u	→	ㅠ	유 yu	口を丸くすぼめて「ユ」
ㅔ e	→	ㅖ	예 ye	「イェ」の音
ㅐ e	→	ㅒ	얘 ye	「イェ」の音

　「w」も日本語では子音として扱い、「ワ」行の発音になりますが、韓国語では半母音です。母音ㅗ(o)、ㅜ(u)とㅣ、ㅏ、ㅓなどの組み合わせで、「ワ」行の半母音になります。

母音の組み合わせ		半母音		
ㅗ + ㅣ	→	ㅚ	외 we	「ウェ」
ㅗ + ㅏ	→	ㅘ	와 wa	「ワ」
ㅗ + ㅏ + ㅣ	→	ㅙ	왜 we	「ウェ」
ㅜ + ㅣ	→	ㅟ	위 wi	「ウィ」
ㅜ + ㅓ	→	ㅝ	워 wo	「ウォ」
ㅜ + ㅓ + ㅣ	→	ㅞ	웨 we	「ウェ」

　上記のほかに、母音ㅡとㅣを組み合わせた**二重母音**があります。これは「ヤ」行でも「ワ」行でもなく、「ū」と「i」を組み合わせた発音になります。

母音の組み合わせ		二重母音		
ㅡ + ㅣ	→	ㅢ	의 ūi	「ウィ」(「イ」の口で一息に「ウィ」と発音)

基本2：母音 ● 半母音

基本母音 ㅔ は、文字の構成上は「ㅓ [オ]」と「ㅣ [イ]」の組み合わせですが、「オ」と「イ」を同時に発音しても「エ」の音にはなりません。同様に ㅐ も、文字の構成上は「ㅏ [ア]」と「ㅣ [イ]」の組み合わせですが、「ア」と「イ」を同時に発音しても「エ」の音にはなりません。ところが、日本語でも

おそい（o-s**o-i**）　→　おせぇ（o-s**e**）
うまい（u-m**a-i**）　→　うめぇ（u-m**e**）

というように、「o+i」「a+i」の音は「e」に変化するのです。

母音のまとめ

	ㅏ a	ㅓ ō	ㅗ o	ㅜ u	ㅡ ū	ㅣ i
+ㅣ	ㅐ e	ㅔ e	ㅚ we	ㅟ wi	ㅢ ūi	
+yの音	ㅑ ya	ㅒ ye	ㅕ yō	ㅖ ye	ㅛ yo	ㅠ yu
+ㅏ				ㅘ wa		
+ㅓ				ㅝ wo		
さらに+ㅣ				ㅙ we	ㅞ we	

基本母音：ㅏ ㅓ ㅗ ㅜ ㅡ ㅣ

発音してみよう

★「ㅇ」+半母音の文字を使った単語を発音してみましょう。

우유 = 牛乳　u-yu [ウユ]
여우 = キツネ　yō-u [ヨウ]
예 = はい　ye [イェ]
왜 = なぜ　we [ウェ]
의외 = 意外　ūi-we [ウィウェ]
예의 = 礼儀　ye-i [イェイ]

※의はこのように「イ」と簡略化して発音される場合があります。

基本 3 子音

韓国語の子音は19個あると言われていますが、それらは「平音」、「激音」、「濃音」に分けられます。まず、基本的な子音「平音」を9個マスターすれば、「平音」と兄弟関係にある「激音」と「濃音」も、すぐに覚えられます。

平音（基本子音） CD 4

平音9個に母音「ㅏ」を組み合わせて、その発音を見てみましょう。

ㄱ	→ 가	ka/ga	語頭では「カ」、語中では「ガ」と発音
ㄴ	→ 나	na	「ナ」と発音
ㄷ	→ 다	ta/da	語頭では「タ」、語中では「ダ」と発音
ㄹ	→ 라	la	「ラ」と発音 ※「ㄹ」は初声では「r」、終声では「l」と区別する場合もありますが、本書ではどちらも「l」で表記します。
ㅁ	→ 마	ma	「マ」と発音
ㅂ	→ 바	pa/ba	語頭では「パ」、語中では「バ」と発音
ㅅ	→ 사	sa	「サ」と発音
ㅇ	→ 아	a	「ア」と発音 ※「ㅇ」は初声ではゼロ子音、終声では「ng(ン)」の発音になります。
ㅈ	→ 자	cha/ja	語頭では「チャ」、語中では「ジャ」と発音

基本3：子音 ● 平音（基本子音）

- 子音ㄱ、ㄷ、ㅂ、ㅈは、語頭では清音（濁らない音）、語中では濁音（濁る音）で発音されます。ㅅは語頭でも語中でも清音の「サ」行です。これは、韓国語には「ザ（z）」行の音がないためです。
- 子音ㄷに母音のㅜ、ㅡ、ㅣがつくと、두は語頭でtu［トゥ］、드はtū［トゥ］、디はti［ティ］という発音になります（語中では、それぞれ濁音のdu［ドゥ］、dū［ドゥ］、di［ディ］になります）。

発音してみよう

★平音＋母音の文字を使った単語を発音してみましょう。まず、清音の単語です。

나라＝国　na-la［ナラ］
어머니＝母　ō-mō-ni［オモニ］
가수＝歌手　ka-su［カス］
뉴스＝ニュース　nyu-sū［ニュス］
사우나＝サウナ　sa-u-na［サウナ］
러시아＝ロシア　lō-si-a［ロシア］

★次は、語中が濁音になる単語です。

야구＝野球　ya-gu［ヤグ］
바다＝海　pa-da［パダ］
부부＝夫婦　pu-bu［プブ］
아버지＝父　a-bō-ji［アボジ］
어제＝昨日　ō-je［オジェ］
여기＝ここ　yō-gi［ヨギ］

第1章　ハングルのしくみと発音

激音と濃音

　声より息を強く出す感じで発音する**激音**は5つあります。語頭でも語中でも音は変わりません。母音 ト をつけると次のような発音になります。

ㅋ	→	카 k^ha	息を強く吐き出して「カ」と発音
ㅌ	→	타 t^ha	息を強く吐き出して「タ」と発音
ㅊ	→	차 ch^ha	息を強く吐き出して「チャ」と発音
ㅍ	→	파 p^ha	息を強く吐き出して「パ」と発音
ㅎ	→	하 ha	日本語の「ハ」とほぼ同じ

※本書では ㅎ を激音に含めていますが、平音として分類される場合もあります。

　のどをしめつけるようにして、息を出さずに発音する**濃音**も5つあります。激音と同様、語頭でも語中でも音は変わりません。母音 ト をつけると次のような発音になります。

ㄲ	→	까 kka	息を出さずに「ッカ」のように発音
ㄸ	→	따 tta	息を出さずに「ッタ」のように発音
ㅃ	→	빠 ppa	息を出さずに「ッパ」のように発音
ㅆ	→	싸 ssa	息を出さずに「ッサ」のように発音
ㅉ	→	짜 ccha	息を出さずに「ッチャ」のように発音

基本3：子音 ● 激音と濃音

★激音と濃音を含む単語を発音してみましょう。
まず、激音を含む単語です。

커피＝コーヒー
kʰō-pʰi［コピ］

스포츠＝スポーツ
sū-pʰo-chʰū［スポチュ］

투수＝投手
tʰu-su［トゥス］

허가＝許可
hō-ga［ホガ］

★次は、濃音を含む単語です。

오빠＝お兄さん
o-ppa［オッパ］

아가씨＝お嬢さん
a-ga-ssi［アガッシ］

아까＝さっき
a-kka［アッカ］

찌개＝鍋物
cchi-ge［チゲ］

韓国語の子音は、激音と濃音が平音のグループであることがわかれば、簡単に覚えられます。

子音のまとめ

平音		激音		濃音	
ㄱ	k/g	ㅋ	kʰ	ㄲ	kk
ㄴ	n				
ㄷ	t/d	ㅌ	tʰ	ㄸ	tt
ㄹ	l				
ㅁ	m				
ㅂ	p/b	ㅍ	pʰ	ㅃ	pp
ㅅ	s			ㅆ	ss
ㅇ	無/ng				
ㅈ	ch/j	ㅊ	chʰ	ㅉ	cch
		ㅎ	h		

（基本子音）

第1章 ハングルのしくみと発音

パッチム

p.13「ハングルのしくみ」でもふれたように、韓国語には「子音＋母音＋子音」という組み合わせの文字がありますが、この二つ目の子音（終声）を**パッチム**といいます。

パッチムの位置にはさまざまな子音が現れますが、実際には「ㄱ・ㄷ・ㅂ・ㅇ・ㄴ・ㅁ・ㄹ」の7種類のみで発音されます。

パッチムの種類

発音	ㄱ (k)	ㄷ (t)	ㅂ (p)	ㅇ (ng)	ㄴ (n)	ㅁ (m)	ㄹ (l)
パッチム	ㄱ, ㅋ, ㄲ	ㄷ, ㅌ, ㅅ, ㅆ, ㅈ, ㅊ, ㅎ	ㅂ, ㅍ	ㅇ	ㄴ	ㅁ	ㄹ

- このほかに、ㅄ・ㄻ・ㅀのように二つの子音がパッチムになることもあります。この場合、基本的には左側のパッチムを発音しますが、例外もあります。
- 次に母音が続くとき、パッチムㅎは発音されません（p.27「弱音化」参照）。
- パッチムが同じ発音グループに属する場合、文字は違っても発音が同じ場合があります。たとえば박（＝朴）と밖（＝外）は、意味は異なりますが、発音はいずれも「pak」です。

사にパッチムをつけて、1つずつ発音を見てみましょう。

ㄱ・ㄷ・ㅂのパッチムは、促音「ッ」に相当する音です。삭、살、삽は日本人の耳にはどれも「サッ」に聞こえるかもしれませんが、発音は微妙に異なります。

ㄱ → 삭 sak　舌の奥で息をふさぐ。
「作家（サッカ）」の「カ」を発音しない状態

ㄷ → 삳 sat　舌先を上の歯茎につけて息をふさぐ。
「さっと（サット）」の「ト」を発音しない状態

ㅂ → 삽 sap　唇をしっかり閉じて息をふさぐ。
「札幌（サッポロ）」の「ポロ」を発音しない状態

※それぞれ例にあげた日本語の単語で練習して、舌の位置を確認してみてください。

基本3：子音　●　パッチム

　ㅇ・ㄴ・ㅁのパッチムは、撥音「ン」に相当する音です。상、산、삼は日本人の耳にはどれも「サン」に聞こえるかもしれませんが、次のような発音の違いがあります。

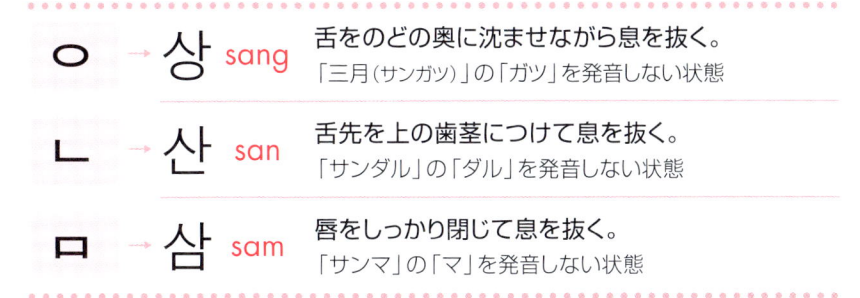

ㅇ	→	상 sang	舌をのどの奥に沈ませながら息を抜く。 「三月（サンガツ）」の「ガツ」を発音しない状態
ㄴ	→	산 san	舌先を上の歯茎につけて息を抜く。 「サンダル」の「ダル」を発音しない状態
ㅁ	→	삼 sam	唇をしっかり閉じて息を抜く。 「サンマ」の「マ」を発音しない状態

最後にㄹのパッチムです。

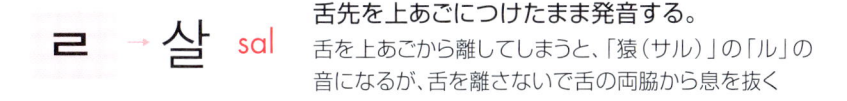

| ㄹ | → | 살 sal | 舌先を上あごにつけたまま発音する。
舌を上あごから離してしまうと、「猿（サル）」の「ル」の音になるが、舌を離さないで舌の両脇から息を抜く |

　韓国語には、日本語には起こらないような子音同士の連続があります。その場合、日本人はパッチムに母音をつけて発音しがちになります。母音をつけないように発音するには、次のことに注意してください。

김치（＝キムチ）← ki-**mu**-chiにならないように
ki**m**-ch^hi［キムチ］　　（김のパッチム「ㅁ」を発音するとき、唇を閉じたまま開かない）

서울（＝ソウル）← so-u-**lu**にならないように
sō-u**l**［ソウル］　　（울のパッチム「ㄹ」を発音するとき、舌を上あごから離さない）

発音してみよう　★「바」＋パッチムの単語を発音してみましょう。

박＝ひょうたん　　밭＝畑　　밥＝ご飯
pak［パク］　　　　pat［パッ］　　pap［パプ］

방＝部屋　　반＝半　　밤＝夜　　발＝足
pang［パン］　pan［パン］　pam［パム］　pal［パル］

第1章　ハングルのしくみと発音

23

基本 4　発音の変化

韓国語は子音で終わるパッチムがあるので、パッチムのあとに母音が続いたり、子音が続いたりすると発音が変化することがあります。ここではいくつか代表的な発音の変化について説明します。

①有声音化　CD 7

有声音とはのどが震える音で、すべての母音と、語中のㄱ・ㄷ・ㅂ・ㅈ、そしてㄴ・ㅁ・ㅇ・ㄹが有声音です。p.19で説明したように、ㄱ・ㄷ・ㅂ・ㅈは語中では濁って発音されますが、このことを**有声音化**といいます。母音で終わる(＝パッチムのない)文字のあとと、ㄴ・ㅁ・ㅇ・ㄹのパッチムのあとにくると、濁って発音されます。

↓母音で終わっている

가구（＝家具）
ka-gu
カグ

初声なので濁らない↑　　↑母音のあとなので濁る

次のように、文字の順番を入れ替えると、同じ文字「주」の発音が有声音化することがわかります。

↓初声なので濁らない　　　　↓母音のあとなので濁る

주소（＝住所）　→　**소주**（＝焼酎）
chu-so　　　　　　　so-**ju**
チュソ　　　　　　　　　ソジュ

発音してみよう

★有声音化している単語を発音してみましょう。

심장＝心臓　　　　**안경**＝眼鏡
sim-jang［シムジャン］　an-gyŏng［アンギョン］

공간＝空間　　　　**일본**＝日本
kong-gan［コンガン］　il-bon［イルボン］

부자＝金持ち　　　**이달**＝今月
pu-ja［プジャ］　　　i-dal［イダル］

②濃音化

語中では有声音化するㄱ・ㄷ・ㅂ・ㅈが、つまる音の次にくると語中でも濁らず、濃音（p.20参照）で発音されることを**濃音化**といいます。つまる音とは、ㄱ(k)・ㄷ(t)・ㅂ(p)で発音されるパッチム（p.22参照）のことです。

実際の発音は

つまる音の→　학교（＝学校）　→　[학꾜]　ㄱは濁らず、濃音ㄲで発音
パッチム　　hak-**g**yo ではなく　　　hak-**kk**yo
　　　　　　ハクギョ　　　　　　　　ハクキョ

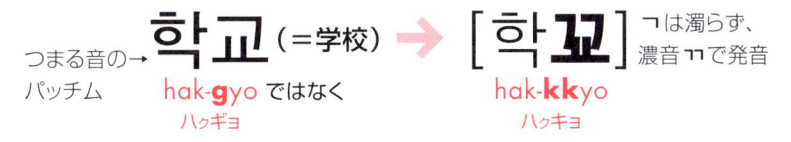

有声音化しない子音ㅅも濃音化します。

↓ㅅの音
학생（＝学生）　→　[학쌩]　濃音ㅆで発音
hak-**s**eng　　　　　　hak-**ss**eng
ハクセン　　　　　　　ハクセン

発音してみよう　★濃音化している単語を発音してみましょう。

맥주＝ビール　　　　잡지＝雑誌
mek-cchu [メクチュ]　chap-cchi [チャプチ]

합격＝合格　　　　　책상＝机
hap-kkyōk [ハプキョク]　chʰek-ssang [チェクサン]

日本語では清音と濁音を区別しますが、韓国語では平音と濃音を区別するので、それぞれの言語で「同じ音」の認識にずれが生じます。

実際はそれぞれ別の音	日本人の耳に聞こえる音	韓国人の耳に聞こえる音
도로　**t**o-lo（＝道路）	→　ト ロ ┐	[**도**로] ┐
국도　kuk-**tt**o（＝国道）	→　クク ト ┘清音で同じ	[국**또**] ─ 濃音 ┤ 平音で同じ
시도　si-**d**o（＝市道）	→　シ ド ── 濁音	[시**도**] ┘

25

③連音化

パッチムのあとに母音が続くと、パッチムが母音とくっついて発音されます。これを**連音化**といいます。

↓母音

일본어（＝日本語） → 実際の発音は [**일 보너**]
パッチム↑　　　　　　　　　　　il-bo-**nō**
il-bo**n-ō** ではなく　　　　　　イルボノ
イルボンオ

パッチムㄴと母音ㅓがくっつく

↓母音

한국어（＝韓国語） → 実際の発音は [**한 구거**]
パッチム↑　　　　　　　　　　　han-gu-**gō**
han-gu**k-ō** ではなく　　　　　ハングゴ
ハングゥオ

パッチムㄱと母音ㅓがくっつき、連音化してさらに有声音化

- -

通常パッチムㄲ・ㅋはㄱ（k）で、ㅌ・ㅅ・ㅆ・ㅈ・ㅊはㄷ（t）で発音されます（p.22参照）が、連音化すると、もとの子音の発音になります。

↓母音

通常は「t」で発音されるパッチムㅅ→ **웃음**（＝笑い） → 実際の発音は [**우슴**]
　　　　　　　　　　　　　　　　u**t**-**ū**m ではなく　　　　　　　　u-**sū**m
　　　　　　　　　　　　　　　　ウッウム　　　　　　　　　　　　　　ウスム

パッチムㅅはもとの発音で連音化

発音してみよう

★連音化している語句を発音してみましょう。

발음＝発音　　　　**음악**＝音楽
pal-ūm［パルム］　　ūm-ak［ウマㇰ］

★連音化に加え、有声音化することにも気をつけてください。

작업＝作業　　　　**찾아내다**＝探し出す
chag-ōp［チャゴブ］　chʰaj-a-ne-da［チャジャネダ］

基本4：発音の変化 ③連音化〜④弱音化

④弱音化

有声音のパッチム（p.24参照）のあとに ㅎ が続くと、ㅎ（h）の音が消えることを**弱音化**といいます。これは連音化の一種です。

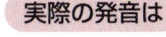

↓ㅎ音
은행（＝銀行） → [으냉] ㅎ音が消えて パッチム ㄴ と 母音 ㅐ がくっつく
有声音のパッチム↑
ū**n-he**ng ではなく
ウンヘン
ū-**ne**ng
ウネン

↓ㅎ音
안녕히（＝安寧に） → [안녕이] ㅎ音が消える
有声音のパッチム↑
an-nyōng-**hi** ではなく
アンニョンヒ
an-nyōng-**i**
アンニョンイ

また、パッチム ㅎ のあとに母音が続くときにも弱音化が生じます。

↓母音
좋아요（＝良いです） → [조아요] ㅎ音が消える
パッチム ㅎ ↑
choh-a-yo ではなく
チョハヨ
cho-a-yo
チョアヨ

発音してみよう　★弱音化している語句を発音してみましょう。

간호사＝看護師
kan-o-sa［カノサ］

담화＝談話
tam-wa［タムァ］

잘하다＝上手だ
chal-a-da［チャラダ］

많아요＝多いです
man-a-yo［マナヨ］

第1章 ハングルのしくみと発音

27

⑤鼻音化

つまる音のパッチム（ㄱ・ㄷ・ㅂ）のあとに鼻音（ㄴ・ㅁ）が続くと、ㄱ→ㅇ、ㄷ→ㄴ、ㅂ→ㅁと音が変わります。このように、息をとめる音＝「ッ」が、鼻から息を抜く音＝「ン」に変わることを**鼻音化**といいます。사（sa）にそれぞれのパッチムをつけて、音の関係を見てみましょう。

	息を止めたり解放する位置		
	喉	歯	唇
息を止める音 ＝小さい「ッ」	삭（sak）	삳（sat）	삽（sap）
鼻から息を抜く音 ＝「ン」	상（sang）	산（san）	삼（sam）

　鼻音化は、舌の位置や唇の形は「ッ」の発音のままで、止めていた息を鼻から抜いて「ン」と発音します。

　　　　　　　　　　↓鼻音ㄴ　　　　　実際の発音は

パッチムㄱ→　**작년**（＝昨年）　→　[**장**년]　ㄱがㅇに変わる
　　　　　chak-nyōn ではなく　　　　chang-nyōn
　　　　　　チャㇰニョン　　　　　　　チャンニョン

　　　　　　　　　↓鼻音ㅁ

ㄷ音の→　**잇몸**（＝歯茎）　→　[**인**몸]　ㅅがㄴに変わる
パッチム　it-mom ではなく　　　　in-mom
　　　　　イッモㇺ　　　　　　　　インモㇺ

※ㄷで発音するパッチムの数は多いので、p.22で確認してください。

　鼻音化は、「〜です」**입니다**[임니다]、「あります」**있습니다**[읻씀니다] のように、日常的におこる発音変化なので、早めに慣れておきましょう。

発音してみよう　★鼻音化する語句を発音してみましょう。

입문＝入門　　**십년**＝十年　　**식물**＝植物
im-mun［イㇺムン］　sim-nyōn［シㇺニョン］　sing-mul［シンムㇽ］

基本4：発音の変化 ● ⑤鼻音化〜⑥激音化〜⑦流音化

⑥激音化　CD 12

　パッチムㄱ・ㄷ・ㅂ・ㅈのあとにㅎが続くと、ㄱ→ㅋ、ㄷ→ㅌ、ㅂ→ㅍ、ㅈ→ㅊと激音に変わります。これを**激音化**といいます。また逆に、パッチムㅎのあとにㄱ・ㄷ・ㅂ・ㅈが続いたときも、激音化が生じます。

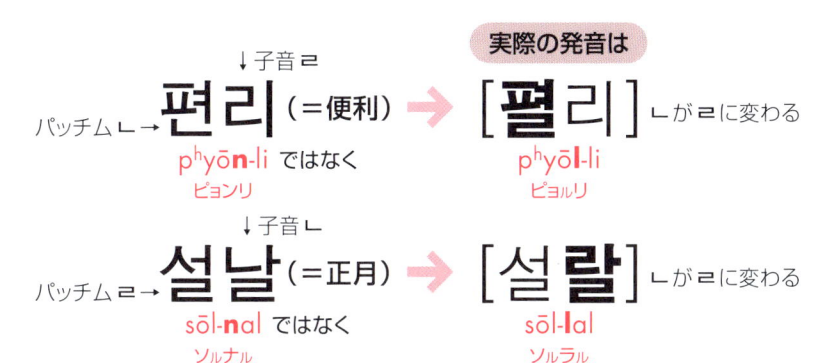

パッチムㅂ→　↓子音ㅎ　**급행**（＝急行）　実際の発音は　→ [**그팽**]　ㅂ＋ㅎでㅍになる
　kū**p**-**h**eng ではなく　　kū-**pʰ**eng
　クッヘン　　　　　　　　　クペン

パッチムㅎ→　↓子音ㄷ　**좋다**（＝良い）　→ [**조타**]　ㅎ＋ㄷでㅌになる
　cho**t**-**t**a ではなく　　cho-**tʰ**a
　チョッタ　　　　　　　　　チョタ

発音してみよう　★激音化する語句を発音してみましょう。

축하＝祝賀　　**맞히다**＝当てる　　**입학**＝入学
chu-kʰa［チュカ］　ma-chʰi-da［マチダ］　i-pʰak［イパㇰ］

⑦流音化　CD 13

　パッチムㄴのあとにㄹが続くとき、またはパッチムㄹのあとにㄴが続くときに、ㄴ→ㄹに変化して、ㄹ＋ㄹになります。このことを**流音化**といいます。

パッチムㄴ→　↓子音ㄹ　**편리**（＝便利）　実際の発音は　→ [**펼리**]　ㄴがㄹに変わる
　pʰyōn-li ではなく　　pʰyōl-li
　ピョンリ　　　　　　　　　ピョルリ

パッチムㄹ→　↓子音ㄴ　**설날**（＝正月）　→ [**설랄**]　ㄴがㄹに変わる
　sōl-nal ではなく　　sōl-lal
　ソルナル　　　　　　　　　ソルラル

第1章　ハングルのしくみと発音

基本 5 助詞

韓国語は日本語と語順がほぼ同じことから、とても学びやすい言語といえます。文法については第2章以降で説明しますが、韓国語にも日本語と同様、名詞のあとにつける助詞があります。

おもな助詞 CD 14

韓国語の助詞には、それがつく名詞にパッチムがあるかないかで使い分けるものと、パッチムに左右されないものとがあります。ここでは使用頻度の高い5つの助詞を紹介しましょう。

	パッチムがない名詞＋	パッチムがある名詞＋		
～が	가 (ka)	이 (i)	～に	에 (e)
～は	는 (nūn)	은 (ūn)	～で	에서 (e-sō)
～を	를 (lūl)	을 (ūl)		

（右側2列は「パッチムに関係なく」）

● ～が／～は／～を

パッチムがない名詞のあとにつく助詞「～が」は가(ka)ですが、名詞に接続して読むときには有声音化が生じるため、濁って発音されます。

（学校）　（が）　　学校が
학교 ＋ 가 → 학교**가**
hak-kkyo　ka　　hak-kkyo-**ga**　←有声音化
ハッキョ　カ　　ハッキョガ

パッチムがある名詞のあとにつく助詞「～が」「～は」「～を」は母音で始まるので、名詞のパッチムと助詞の母音が連音化します。

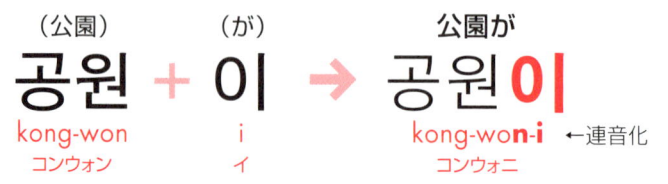

（公園）　（が）　　公園が
공원 ＋ 이 → 공원**이**
kong-won　i　　kong-wo**n-i**　←連音化
コンウォン　イ　　コンウォニ

基本5：助詞 ● おもな助詞

（公園）　　　（は）　　　　公園は
공원 + 은 → 공원은
kong-won　　ūn　　　　kong-won-ūn ←連音化
コンウォン　　ウン　　　　コンウォヌン

（公園）　　　（を）　　　　公園を
공원 + 을 → 공원을
kong-won　　ūl　　　　kong-won-ūl ←連音化
コンウォン　　ウル　　　　コンウォヌル

● ～に／～で

「～に」「～で」は母音で始まる助詞なので、パッチムがある名詞につくと連音化が生じます。

（公園）　　　（に）　　　　公園に
공원 + 에 → 공원에
kong-won　　e　　　　kong-won-e ←連音化
コンウォン　　エ　　　　コンウォネ

（家）　　　　（で）　　　　家で
집 + 에서 → 집에서
chip　　　e-sō　　　chib-e-sō ←連音化
チプ　　　エソ　　　　チベソ　　＋有声音化

発音してみよう

★名詞に助詞をつけて発音してみましょう。

何+が　　무엇 + 이 → 무엇이
　　　　　　　　　　　　mu-ōs-i［ムオシ］

本+は　　책 + 은 → 책은
　　　　　　　　　　　　chʰeg-ūn［チェグン］

トイレ+に　화장실 + 에 → 화장실에
　　　　　　　　　　　　　hwa-jang-sil-e［ファジャンシレ］

第1章 ハングルのしくみと発音

31

基本 6 ハングルで表す

日本語のハングル表記

日本語とハングルの対応表です。
※自分の名前や日本の地名などを表記するときの参考にしてください。

あ	아	い	이	う	우	え	에	お	오	
か	가	き	기	く	구	け	게	こ	고	←語頭の清音（語中では濁音）
	카		키		쿠		케		코	←語中の清音
さ	사	し	시	す	스	せ	세	そ	소	
ざ	자	じ	지	ず	즈	ぜ	제	ぞ	조	
た	다	ち	지	つ	츠	て	데	と	도	←語頭の清音（語中では濁音）
	타		치				테		토	←語中の清音
な	나	に	니	ぬ	누	ね	네	の	노	
は	하	ひ	히	ふ	후	へ	헤	ほ	호	
ぱ	바	ぴ	비	ぷ	부	ぺ	베	ぽ	보	←語頭の「パ」行（語中では濁音）
ま	마	み	미	む	무	め	메	も	모	
や	야			ゆ	유			よ	요	
ら	라	り	리	る	루	れ	레	ろ	로	
わ	와							ん	ㄴ	←パッチムで表す

基本6：ハングルで表す ● 日本語のハングル表記〜英語のハングル表記

きゃ	갸	きゅ	규	きょ	교	←語頭の清音（語中では濁音）
しゃ	샤	しゅ	슈	しょ	쇼	
ちゃ	자	ちゅ	주	ちょ	조	←語頭の清音（語中では「ジャ」「ジュ」「ジョ」）
にゃ	냐	にゅ	뉴	にょ	뇨	
ひゃ	햐	ひゅ	휴	ひょ	효	
ぴゃ	뱌	ぴゅ	뷰	ぴょ	뵤	←語頭の「ピャ」「ピュ」「ピョ」（語中では濁音）
みゃ	먀	みゅ	뮤	みょ	묘	
りゃ	랴	りゅ	류	りょ	료	

- 韓国語にはない音（「ザ」「ズ」「ゾ」「チ」など）は、もっとも近い音で代用します。
- 語中の濁音は平音で、語中の清音は激音で表します。
- 韓国語には語頭で濁る音がないので、例えば「ガス」は「カス（**가스**）」と表します。
- 促音「ッ」にはパッチムの**ㅅ**を使います。服部＝**핫토리**
- 母音「ウ」には**우**を使いますが、「ス」「ズ」「ツ」は「**스**」「**즈**」「**츠**」を使います。
- 「ツ」は「**츠**」のほかに「**쓰**」「**쯔**」も使われます。
- 発音のときに伸ばす音は表しません。東京［トーキョー］＝**도쿄**［トキョ］

英語のハングル表記

韓国語にも外来語が多く入ってきています。「**크리스마스**＝クリスマス」や「**컴퓨터**＝コンピューター」など、ハングルを読めばそのまま意味がわかるものもたくさんありますが、「**맥도날드**［メットノルドゥ］＝マクドナルド」、「**티파니**［ティパニ］＝ティファニー」のように、発音の違いを感じる単語もあります。

printer → **프린터**
（プリンター）　p^{h}ū-lin-t^{h}ō

service → **서비스**
（サービス）　sō-bi-sū

taxi → **택시**
（タクシー）　t^{h}ek-si

handbag → **핸드백**
（ハンドバッグ）　hen-dū-bek

第1章　ハングルのしくみと発音

漢字のハングル表記　CD 15

　現在、韓国ではほとんど漢字を使わずハングルで表記していますが、本来は漢字で書くことができる単語（=**漢字語**）があります。韓国語の漢字には訓読みがないので、漢字1文字に対して読み方は基本的に1通りです。漢字語は日本語の漢字と意味がほぼ同じで、発音が似ているものもたくさんあります。

道路→도로
トロ

市民→시민
シミン

歌手→가수
カス

　韓国語と日本語それぞれの漢字を読む音には一定の対応があるので、基本ルールを覚えれば、その発音からハングルが表している漢字をおおむね予測することができます。

●母音の対応例

		韓国語読み	漢字	日本語読み
ト =「ア」段	안	アン	→ 案、安 ←	アン
	가	カ	→ 歌、家 ←	カ
l =「イ」段	이	イ	→ 移、異 ←	イ
	비	ピ	→ 比、秘、非 ←	ヒ
ㅓ, ㅕ =「エ」段	선	ソン	→ 線、先 ←	セン
	연	ヨン	→ 縁、延、演 ←	エン

●子音（初声）の対応例

		韓国語読み	漢字	日本語読み
ㄱ, ㅎ =「カ」行、「ガ」行	간	カン	→ 間、肝、刊 ←	カン
	현	ヒョン	→ 現、弦、玄 ←	ゲン
ㅅ, ㅈ, ㅊ =「サ」行、「ジャ」行	신	シン	→ 新、神 ←	シン
	천	チョン	→ 千、川 ←	セン
ㅂ, ㅍ =「ハ」行、「バ」行	반	パン	→ 半、反 ←	ハン
	편	ピョン	→ 便、片、編 ←	ベン、ヘン

基本6：ハングルで表す ● 漢字のハングル表記

●子音（終声）の対応例

		韓国語読み	漢字	日本語読み
ㄴ, ㅁ =「ン」	만	マン	→ 万、満 ←	マン
	심	シム	→ 心、深、審 ←	シン
ㄱ =「ク」、「キ」	박	パク	→ 博、泊、薄 ←	ハク
	식	シク	→ 式、識 ←	シキ
ㄹ =「ツ」、「チ」	칠	チル	→ 七、漆 ←	シチ、シツ
	결	キョル	→ 決、結、欠 ←	ケツ

※これはごく一部の対応例です。また、このルールに対応しない例外もあります。

　韓国語では、漢字1文字の読み方はほぼ1通り。意味もほぼ同じなので、漢字を組み合わせた熟語を作って、次々に語彙を増やすことができます。

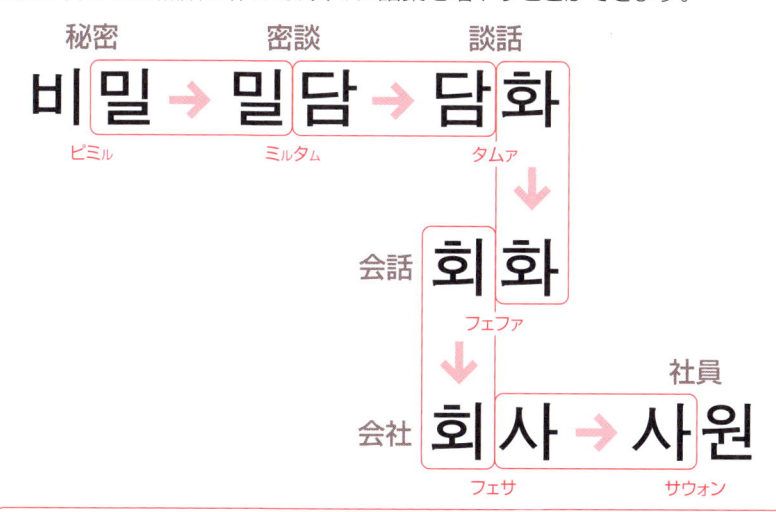

秘密　　　　密談　　　　談話
비밀 → 밀담 → 담화
ピミル　　　ミルタム　　タムァ
　　　　　　　　　　　　↓
会話　　　회화
　　　　　フェファ
　　　　　↓
会社　　　회사 → 사원　社員
　　　　　フェサ　　サウォン

発音してみよう

★韓国語読みと日本語読みの対応を確認しながら、漢字語を発音してみましょう。

현실 = 現実　　　　전반 = 前半
ヒョンシル　ゲンジツ　　チョンバン　ゼンハン

학식 = 学識　　　　판결 = 判決
ハクシク　ガクシキ　　パンギョル　ハンケツ

第1章　ハングルのしくみと発音

かんたんフレーズ

覚えておくと便利なあいさつや返事などの表現をまとめました。2種類のていねい形のニュアンスも理解しながら、そのまま覚えていきましょう。

　韓国語の会話では、ていねい形や敬語、友達同士のくだけた言い方など、話す相手によってさまざまな表現を使い分けますが、本書では基本的にていねい形を中心に学習していきます。

　日本語の「です・ます」体にあたる韓国語のていねい形には、文末が요[ヨ]で終わる**「ヨ」タイプ**と、文末が다[ダ]（疑問文では까[カ]）で終わる**「ダ」タイプ**がありますが、それぞれ次のようなニュアンスをもっています。

- **「ヨ」タイプ**：やわらかい印象を与える表現（会話でよく使われる）
- **「ダ」タイプ**：フォーマルで改まった印象を与える表現（演説や書き言葉でよく使われる）

あいさつ　CD 16

こんにちは。 → 안녕하세요?
アンニョンハセヨ　「ヨ」タイプ

● 直訳すると「安寧でいらっしゃいますか？」なので、文末に疑問符がつきます。

こんにちは。 → 안녕하십니까?
アンニョンハシムニッカ　「ダ」タイプ

さようなら。 → 안녕히 가세요.（去る人に対して）
アンニョンイ　カセヨ　「ヨ」タイプ

● 去る人には「安寧に行きなさい」、とどまる人には「安寧にいなさい」という、やわらかい命令の表現です。

さようなら。 → 안녕히 계세요.（とどまる人に対して）
アンニョンイ　ケセヨ　「ヨ」タイプ

※「さようなら」の안녕히〜の ㅎ は弱音化して発音されます。

かんたんフレーズ ● あいさつ～はい／いいえ

はじめまして。	처음 뵙겠습니다.	「ダ」タイプ
	チョウム ペプケッスムニダ	

よろしくお願いします。	잘 부탁합니다.	「ダ」タイプ
	チャル プタカムニダ	

いただきます。	잘 먹겠습니다.	「ダ」タイプ
	チャル モケッスムニダ	

ごちそうさまでした。	잘 먹었습니다.	「ダ」タイプ
	チャル モゴッスムニダ	

はい／いいえ　CD 17

はい。	네.	예.	●예のほうが多少あらたまった感じです。
	ネ	イェ	

いいえ。	아뇨. 「ヨ」タイプ	아닙니다. 「ダ」タイプ
	アニョ	アニムニダ

はい、そうです。	예, 그래요.	「ヨ」タイプ
	イェ クレヨ	

はい、そうです。	예, 그렇습니다.	「ダ」タイプ
	イェ クロッスムニダ	

第1章　ハングルのしくみと発音

返事／あいづち

わかりました。	알겠어요.	アルゲッソヨ	「ヨ」タイプ
わかりました。	알겠습니다.	アルゲッスムニダ	「ダ」タイプ
わからないのですが。	모르겠는데요.	モルゲンヌンデヨ	「ヨ」タイプ
わかりません。	모르겠습니다.	モルゲッスムニダ	「ダ」タイプ
知りません。	모릅니다.	モルムニダ	「ダ」タイプ
そうですか？	그래요？	クレヨ	「ヨ」タイプ
そうですね。	맞아요.	マジャヨ	「ヨ」タイプ
本当ですか？	정말이에요？	チョンマリエヨ	「ヨ」タイプ

お礼／おわび

ありがとう。	고마워요. コマウォヨ	「ヨ」タイプ
ありがとうございます。	감사합니다. カムサハムニダ	「ダ」タイプ
お世話になりました。	신세 많이 졌습니다. シンセ　マニ　チョッスムニダ	「ダ」タイプ
とんでもありません。	별 말씀을 다 하십니다. ピョル　マルッスムル　タ　ハシムニダ	「ダ」タイプ
どういたしまして。	천만에요. チョンマネヨ	「ヨ」タイプ
申し訳ありません。	죄송합니다. チェソンハムニダ	「ダ」タイプ
ごめんなさい。	미안합니다. ミアナムニダ	「ダ」タイプ

● コラム

子音の形が表すもの

　韓国語の学習を始めようと思っても、ハングルが丸や四角の図形にしか見えず、しり込みしてしまう人も多いようですが、その形の意味がわかれば、すんなりとハングルになじむことができるでしょう。
　ハングルを構成する子音の形は、その発音と密接な関係があります。

　子音ㄱ（k）を見てみましょう。「カ（ka）」と声を出してみると、舌の奥がのどをふさいだあと、舌が下がることがわかります。ㄱは、この形を表しています。

●子音ㄱ
舌がのどをふさぐ
カ

　他にも、ㅁ（m）は唇を閉じて発音するときの、正面から見た口の形、ㅅ（s）は舌が歯の位置にあることから歯の形、ㅇ（ng）は舌がのどの奥に下がることからのどの形…というように、子音は発音するときの舌や口などの形を表しているのです。

　子音ㅅ（s）とㅈ（ch）は形が似ていて、見た目には間違いやすいかもしれませんが、発音のし方は次のように異なります。

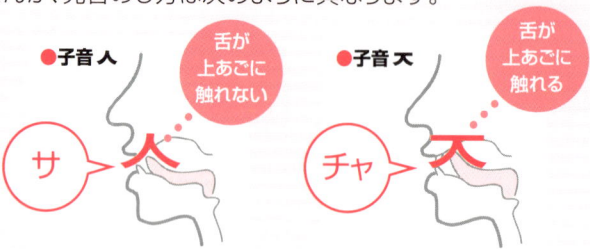

●子音ㅅ
舌が上あごに触れない
サ

●子音ㅈ
舌が上あごに触れる
チャ

　まず、「サ（sa）」と声に出してみてください。舌先は歯の付け根位置にありますが、上あごには触れないことがわかります。一方「チャ（cha）」と声に出してみると、舌先は上あごにしっかり触れます。このことから、ㅅの上に上あごを表す横棒をつけたものがㅈだと覚えれば、形が似ていても別のものとしてしっかり覚えられるでしょう。

第2章

名詞文のしくみ

- 名詞に「〜です」をつけるだけで、かんたんな質問に答えることができます。この章では、そんな「名詞文」のしくみを理解し（STEP 1）、次に疑問詞と関連単語を覚えて（STEP 2）、最後に数字の使い方を覚えます（STEP 3）。

STEP 1 名詞＋です

名詞に「〜です」をつけた文を名詞文と呼びます。語順は日本語と同じなので、そのまま韓国語に置き換えるだけです。さらに助詞をともなう名詞を加えれば、会話で活躍するフレーズになります。

「ヨ」タイプていねい形　CD 20

p.36で説明した韓国語の2種類の「です・ます」体のうち、会話でよく使われる「ヨ」タイプの作り方は次のとおりです。

ヨタイプ

名詞 → 名詞にパッチムなし ＋ 〜です **예요** エヨ

名詞 → 名詞にパッチムあり ＋ **이에요** イエヨ

（友達）パッチムなし
친구 ＋ **예요** → 友達です。 **친구예요.**
チング　　　　　　　　　　　　　　　　チングエヨ

（会社員）パッチムあり
회사원 ＋ **이에요** → 会社員です。 **회사원이에요.**
フェサウォン　　　　　　　　　　　　　　フェサウォニエヨ

連音化：パッチムㄴと母音｜がくっつく

「ヨ」タイプの場合、文末に「？」をつけて、しり上がりに発音すると、疑問文になります。

会社員ですか？
회사원이에요? ↗
フェサウォニエヨ

STEP 1：名詞＋です ● 「ヨ」タイプていねい形〜「ダ」タイプていねい形

「ダ」タイプていねい形

CD 21

少し改まった印象の「ダ」タイプは、名詞にパッチムがあるかないかに関わらず作ることができます。

ダタイプ　名詞 ＋ **입니다**（〜です／イムニダ）

鼻音化：ㅂとㄴがぶつかり、ㅂ(p)→ㅁ(m)に

● パッチムの有無に関わらず

（友達）
친구 ＋ 입니다 → 친구**입니다**．
チング　　　　　　　チングイムニダ
　　　　　　　　　　友達です。

「ダ」タイプの疑問文は、文末の「**다**」をとって「**까**[ッカ]？」をつけます。

친구입니**까？**↗
チングイムニッカ
友達ですか？

● 助詞「〜は」を使って

「名詞＋です」の前に「名詞＋助詞」を加えると、表現の幅が広がります。「私は〜です」というフレーズを作ってみましょう。

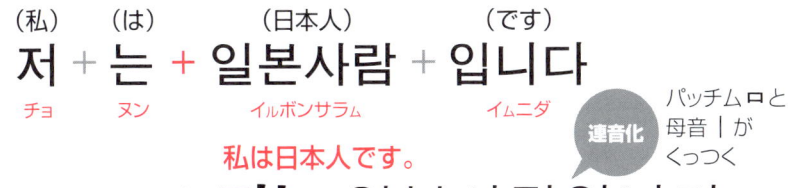

（私）　（は）　（日本人）　　　（です）
저 ＋ 는 ＋ 일본사람 ＋ 입니다
チョ　ヌン　イルボンサラム　　イムニダ

連音化：パッチムㅁと母音ㅣがくっつく

私は日本人です。
→ **저는** 일본사람입니다．
　　チョヌン　イルボンサラミムニダ

※名詞「日本人」を自分の名前に入れ替えて、自己紹介に使うこともできます。

第2章　名詞文のしくみ

43

STEP 2 疑問詞

疑問詞は「ですか?」とつなげれば、使い勝手のいい疑問文をかんたんに作ることができます。

おもな疑問詞 CD 22

おもな疑問詞は次のとおりです。ほかにも**어떻게**(=どうやって)、**왜**(=なぜ)などがありますが、ここでは名詞文に使える疑問詞を覚えましょう。

何 =	**무엇** [ムォッ]	英語のwhatにあたる、ものを尋ねる疑問詞です。会話では**뭐**[ムォ]と縮約して使われます。
どこ =	**어디** [オディ]	英語のwhereにあたる、場所を尋ねる疑問詞です。
どの =	**어느** [オヌ]	英語のwhichにあたる、いくつかの中から絞り込むときに使う疑問詞です。
誰 =	**누구** [ヌグ]	英語のwhoにあたる、人を尋ねる疑問詞です。
いつ =	**언제** [オンジェ]	英語のwhenにあたる、ときを尋ねる疑問詞です。

STEP 2：疑問詞 ● おもな疑問詞〜「何ですか？」

疑問詞①「何」

「何ですか？」

第 2 章 名詞文のしくみ

「ヨ」タイプの疑問文「何ですか？」を作ってみましょう。

（何）
무엇の縮約 → 뭐 + 예요？ → **뭐예요？**
ムォ　　パッチムなし　　　　　ムォエヨ

何ですか？　**뭐예요？** ムォエヨ

※ 뭐にはパッチムがないことに注意してください。

● 助詞「〜が」を使って

「パッチムがない名詞＋가」もしくは「パッチムがある名詞＋이」を加えれば、「〜は何ですか？」というフレーズを作ることができます。

> **ここに注意**　日本語訳は「〜は何ですか？」でも、ここで使われる韓国語の助詞は「〜が」です。このように、日本語で助詞「〜は」を使う場合でも、韓国語では「〜が」が使われることが多くあります。

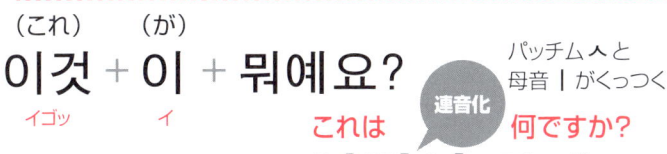

（これ）　（が）
이것 + 이 + 뭐예요？　　パッチムㅅと
イゴッ　　イ　　　　　　連音化　　母音 ㅣ がくっつく
　　　　　　　これは　　　　　何ですか？
→ **이것이 뭐예요？**
　　イゴシ　　ムォエヨ

※ 会話では「これ、何ですか？」と助詞が省略されることも多く、その場合이것（これ）は縮約形이거 [イゴ] になります。

（趣味）　（が）　趣味は
취미 + 가 → **취미가**
チュィミ　カ　　　チュィミガ
　　　　　　　　　　　　　　　　　何ですか？
　　　　　　　　　　　　　　＋ **뭐예요？**
（職業）　（が）　職業は　　　　　　ムォエヨ
직업 + 이 → **직업이**
チゴㇷ゚　イ　　　チゴビ
　　　　　　　　　連音化　パッチムㅂと
　　　　　　　　　　　　母音 ㅣ がくっつき、有声音化

45

まとめて覚える関連単語 — 食材・料理の種類 [CD 23]

□ 野菜	야채	ヤチェ
□ ハクサイ	배추	ペチュ
□ ネギ	파	パ
□ ニンジン	당근	タングン
□ ホウレン草	시금치	シグムチ
□ ワラビ	고사리	コサリ
□ ニンニク	마늘	マヌル
□ 唐辛子	고추	コチュ
□ エゴマの葉 ※実際の発音は［깬닙］	깻잎	ケンニフ
□ サンチュ	상추	サンチュ
□ 肉	고기	コギ
□ 鶏肉	닭고기	タッコギ
□ 豚肉	돼지고기	テジコギ
□ 牛肉	쇠고기	セゴギ
□ 魚	생선	センソン
□ イカ	오징어	オジノオ
□ エビ	새우	セウ
□ 貝	조개	チョゲ
□ 豆腐	두부	トゥブ
□ 卵	계란	ケラン
□ 鍋物	찌개	チゲ
□ 焼き物	구이	クイ
□ 汁物	탕	タン
□ 麺類（麺）	면	ミョン
□ ご飯もの	밥	パプ
□ 粥	죽	チュㇰ

STEP 2：疑問詞 ● 関連単語（食材・料理の種類～メニュー）

まとめて覚える 関連単語
メニュー
CD 24

□ 焼肉	불고기	プルゴギ
□ 豚三枚焼肉	삼겹살	サムギョプサル
□ モツ鍋	곱창전골	コプチャンチョンゴル
□ 味噌鍋	된장찌개	テンジャンチゲ
□ 純豆腐鍋	순두부찌개	スンドゥブチゲ
□ 海鮮辛味噌スープ鍋	매운탕	メウンタン
□ 鶏辛煮込み	닭도리탕	タクトリタン
□ カルビスープ	갈비탕	カルビタン
□ 鱈スープ	대구탕	テグタン
□ 蔘鶏湯	삼계탕	サムゲタン
□ 冷麺	냉면	ネンミョン
□ ビビンパ	비빔밥	ピビムパプ
□ キムチ	김치	キムチ
□ ナムル	나물	ナムル
□ チヂミ	지짐이	チジミ
□ 焼き魚	생선구이	センソングイ
□ アワビ粥	전복죽	チョンボクチュク
□ 日本食	일식	イルシク
□ 中華	중국식	チュングクシク
□ チャーハン	볶음밥	ポックムパプ
□ 餃子（饅頭）	만두	マンドゥ

第2章 名詞文のしくみ

韓国語の料理名

メニューには「食材＋料理の種類」で表される料理名がたくさんあります。

（味噌）　（鍋物）
된장 ＋ 찌개 → 된장찌개
食材　　料理の種類　　＝味噌鍋

まとめて覚える関連単語 食事

CD 25

日本語	韓国語	発音	日本語	韓国語	発音
□朝食	아침	アチム	□箸	젓가락	チョッカラク
□昼食	점심	チョムシム	□スプーン	숟가락	スッカラク
□夕食	저녁	チョニョク	□フォーク	포크	ポク
□おやつ	간식	カンシク	□ナイフ	나이프	ナイプ
□ご飯	밥	パプ	□皿	접시	チョプシ
□パン	빵	パン	□お椀	그릇	クルッ
□デザート	후식	フシク	□コップ	컵	コプ
□お菓子	과자	クァジャ	□お玉	국자	ククチャ
□飲み物 ※実際の発音は[음뇨수]	음료수	ウムニョス	□しゃもじ	주걱	チュゴク
□酒	술	スル	□やかん	주전자	チュジョンジャ

かんたん会話

韓定食＝한정식 [ハンジョンシク]

何ですか？ 뭐예요? ムォエヨ

韓定食です。 한정식이에요. ハンジョンシギエヨ

ショッピング

腕時計	손목 시계	ソンモㇰ シゲ
かばん	가방	カバン
ハンドバッグ	핸드백	ヘンドゥベㇰ
財布	지갑	チガㇷ゚
アクセサリー	악세사리	アㇰセサリ
ネックレス	목걸이	モㇰコリ
指輪	반지	パンジ
ベルト	벨트	ペルトゥ
ネクタイ	넥타이	ネㇰタイ
化粧品	화장품	ファジャンプㇺ
サンプル	샘플	セムプル
ブランド品	브랜드품	ブレンドゥプㇺ
陶磁器	도자기	トジャギ
骨董品	골동품	コㇽトンプㇺ
記念品	기념품	キニョムプㇺ
キーホルダー	열쇠걸이	ヨㇽセゴリ
ストラップ	스트랩	ストゥレㇷ゚
絵葉書 ※実際の発音は [그림 넙서]	그림 엽서	クリム ニョㇷ゚ソ
CD	씨디	シディ
写真集	사진집	サジンジㇷ゚

かんたん会話

ハンカチ＝손수건 [ソンスゴン]

何をお探しですか？
무얼 찾으세요?
ムオㇽ チャジュセヨ

ハンカチです。
손수건이에요.
ソンスゴニエヨ

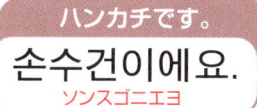

まとめて覚える関連単語 ファッション　CD 27

□ 服	옷 オッ		□ 帽子	모자 モジャ
□ ワンピース	원피스 ウォンピス		□ 手袋	장갑 チャンガㇷ゚
□ スカート	치마 チマ		□ 下着	속옷 ソゴッ
□ ズボン	바지 パジ		□ パジャマ	잠옷 チャモッ
□ ジーンズ	청바지 チョンバジ		□ Tシャツ	티셔츠 ティショチュ
□ ジャケット	자켓 チャケッ		□ 長袖	긴팔 キンパル
□ ブラウス	블라우스 プルラウス		□ 半袖	반팔 パンパル
□ セーター	스웨터 スウェト		□ 靴下	양말 ヤンマル
□ 婦人服	부인복 プインボㇰ		□ 靴	구두 クドゥ
□ 紳士服	신사복 シンサボㇰ		□ デザイン	디자인 ティジャイン
□ 子供服	아동복 アドンボㇰ		□ 色	색깔 セックカル
□ チマチョゴリ（韓服）	한복 ハンボㇰ		□ 流行	유행 ユヘン

STEP 2：疑問詞 ● 関連単語（ファッション）～「どこですか？」

疑問詞②「どこ」

「どこですか？」

「ヨ」タイプの疑問文「どこですか？」を作ってみましょう。

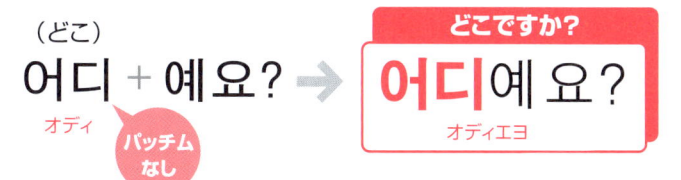

（どこ）
어디 + 예요？ → **어디**예요？
オディ　　　　　　　　　　オディエヨ
（パッチムなし）　　　　　どこですか？

● **助詞「～が」を使って**

「名詞＋助詞**가/이**（～が）」を加えれば、「～はどこですか？」というフレーズを作ることができます。

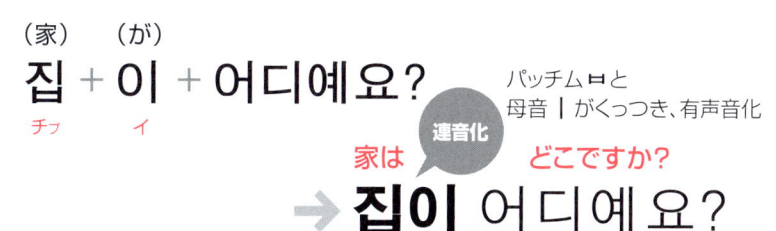

（家）（が）
집 + 이 + 어디예요？
チㇷ゚　イ

パッチムㅂと母音ㅣがくっつき、有声音化

連音化

家は　　　どこですか？
→ **집이** 어디예요？
　　チビ　　　オディエヨ

（学校）（が）　学校は
학교 + 가 → **학교가**
ハㇰキョ　カ　　ハㇰキョガ

（トイレ）（が）　トイレは
화장실 + 이 → **화장실이**
ファジャンシㇽ　イ　　ファジャンシリ

＋ 어디예요？
　　オディエヨ
　どこですか？

連音化

パッチムㄹと母音ㅣがくっつく

第2章 名詞文のしくみ

まとめて覚える関連単語　位置・方向／指示語　CD 28

□ 上	위 ウィ		□ 内	안 アン
□ 下	아래 アレ		□ 中	속 ソㇰ
□ 前	앞 アㇷ゚		□ 外	밖 パㇰ
□ 横	옆 ヨㇷ゚		□ 向かい側	맞은 편 マジュン ピョン
□ 後ろ	뒤 トゥィ		□ 向こう側	건너 편 コンノ ピョン
□ 右側	오른쪽 オルンッチョㇰ		□ 東側	동쪽 トンッチョㇰ
□ 左側	왼쪽 ウェンッチョㇰ		□ 西側	서쪽 ソッチョㇰ
□ 真ん中	가운데 カウンデ		□ 南側	남쪽 ナムッチョㇰ
□ 間	사이 サイ		□ 北側	북쪽 プッチョㇰ
□ これ	이것（縮約形 이거）イゴッ　イゴ		□ ここ	여기 ヨギ
□ それ	그것（縮約形 그거）クゴッ　クゴ		□ そこ	거기 コギ
□ あれ	저것（縮約形 저거）チョゴッ　チョゴ		□ あそこ	저기 チョギ

※ 会話のときには縮約形のほうがよく使われます。

STEP 2：疑問詞 ● 関連単語（位置・方向／指示語〜ランドマーク）

まとめて覚える関連単語

ランドマーク

CD 29

□ 銀行	은행	ウネン		□ 教会	교회	キョフェ
□ 郵便局	우체국	ウチェグㇰ		□ 聖堂	성당	ソンダン
□ 警察署	경찰서	キョンチャルソ		□ 食堂	식당	シㇰタン
□ 病院	병원	ピョンウォン		□ レストラン	레스토랑	レストラン
□ 図書館	도서관	トソグァン		□ コンビニ	편의점	ピョニジョム
□ 美術館	미술관	ミスㇽグァン		□ スーパー	슈퍼마켓	シュポマケッ
□ 博物館	박물관	パンムㇽグァン		□ デパート	백화점	ペクァジョム
□ 映画館	영화관	ヨンファグァン		□ 市場	시장	シジャン
□ 劇場	극장	クッチャン		□ 商店街	상가	サンガ
□ ホテル	호텔	ホテㇽ		□ 駐車場	주차장	チュチャジャン

かんたん会話

観光センター＝관광센터［クァングァンセント］

どこですか？
어디예요?
オディエヨ

観光センターです。
관광센터예요.
クァングァンセントエヨ

第2章 名詞文のしくみ

まとめて覚える関連単語 地名

※ 日本の都道府県にあたる韓国の行政区画は「도（道）」です。このページでは、各道名の下に道庁所在地をまとめています。

CD 30

京畿道 ①	경기도	キョンギド
水原市	수원시	スウォンシ
江原道 ②	강원도	カンウォンド
春川市	춘천시	チュンチョンシ
忠清北道 ③	충청북도	チュンチョンブクト
清州市	청주시	チョンジュシ
忠清南道 ④	충청남도	チュンチョンナムド
大田広域市	대전 광역시	テジョン クァンヨクシ
慶尚北道 ⑤	경상북도	キョンサンブクト
大邱広域市	대구 광역시	テグ クァンヨクシ
慶尚南道 ⑥	경상남도	キョンサンナムド
昌原市	창원시	チャンウォンシ
全羅北道 ⑦	전라북도	チョルラブクト
全州市	전주시	チョンジュシ
全羅南道 ⑧	전라남도	チョルラナムド
務安郡	무안군	ムアングン
済州道 ⑨	제주도	チェジュド
済州市	제주시	チェジュシ

行政区画と主な都市

- ソウル 서울
- 仁川 인천 インチョン
- 大田 대전 テジョン
- 光州 광주 クァンジュ
- 大邱 대구 テグ
- 釜山 부산 プサン

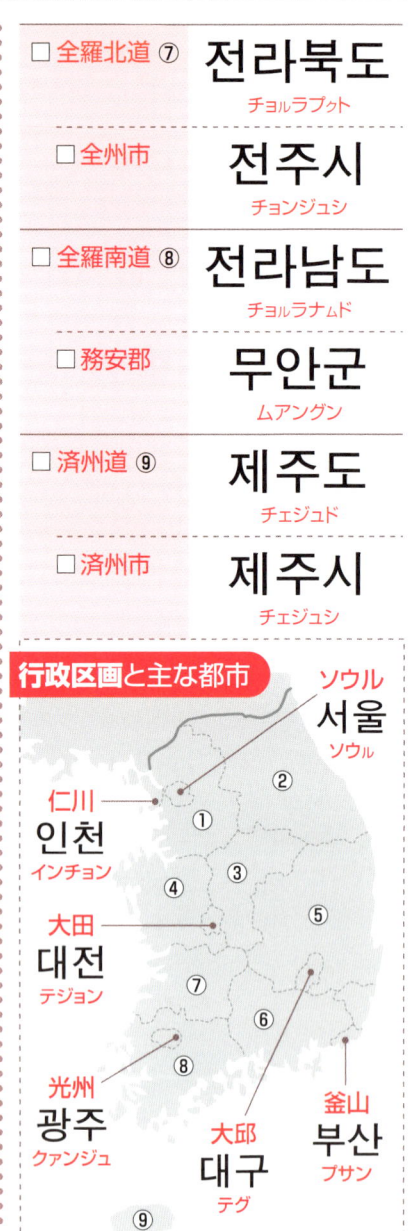

まとめて覚える関連単語：交通

日本語	ハングル	読み
自動車	자동차	チャドンチャ
バイク	오토바이	オトバイ
自転車	자전거	チャジョンゴ
タクシー	택시	テッシ
バス	버스	ポス
高速バス	고속버스	コソッポス
地下鉄	지하철	チハチョル
電車	전철	チョンチョル
飛行機	비행기	ピヘンギ
遊覧船	유람선	ユラムソン
船	배	ペ
フェリー	페리	ペリ
空港	공항	コンハン
駅	역	ヨッ
改札口	개찰구	ケチャルグ
ホーム	승강장	スンガンジャン
港	항구	ハング
乗り場	타는 곳	タヌン コッ
停留所 ※実際の発音は[정뉴장]	정류장	チョンニュジャン
歩道	보도	ポド
車道	차도	チャド
信号	신호등	シノドゥン
交差点	사거리	サゴリ
高速道路	고속도로	コソットロ

第2章 名詞文のしくみ

まとめて覚える 関連単語 — 身体の部位 [CD 32]

☐ 体	몸 モム		☐ 肩	어깨 オッケ
☐ 頭	머리 モリ		☐ 腕	팔 パル
☐ 顔	얼굴 オルグル		☐ 手	손 ソン
☐ 額	이마 イマ		☐ 手のひら	손바닥 ソンパダㇰ
☐ 目	눈 ヌン		☐ 指	손가락 ソンカラㇰ
☐ 鼻	코 コ		☐ 胸	가슴 カスㇺ
☐ 口	입 イㇷ゚		☐ 腹	배 ペ
☐ 唇	입술 イㇷ゚スㇽ		☐ 背中	등 トゥン
☐ 耳	귀 クィ		☐ 足(脚)	다리 タリ
☐ 首	목 モㇰ		☐ 膝	무릎 ムルㇷ゚

腰＝허리 [ホリ]

かんたん会話

どこが痛いですか？
어디가 아프세요?
オディガ　アプセヨ

腰です。
허리예요.
ホリエヨ

STEP 2：疑問詞 ● 関連単語（身体の部位）～「どの～ですか?」

疑問詞③「どの」

「どの～ですか?」

「ヨ」タイプの疑問文「どの～ですか?」を作ってみましょう。疑問詞「どの」は、名詞の前につけて使います。

（どの）（もの）
어느 ＋ 것 ＋ 이에요?
オヌ　コッ　　パッチムあり

→ **どれですか?（＝どのものですか?）**
어느 것이에요?
オヌ　コシエヨ
連音化　パッチムㅅと母音 | がくっつく

名詞것（もの）は、パッチムがない省略形も使われます。

（どの）（もの）
어느 ＋ 거 ＋ 예요?
オヌ　コ　　パッチムなし

→ **どれですか?**
어느 거예요?
オヌ　コエヨ

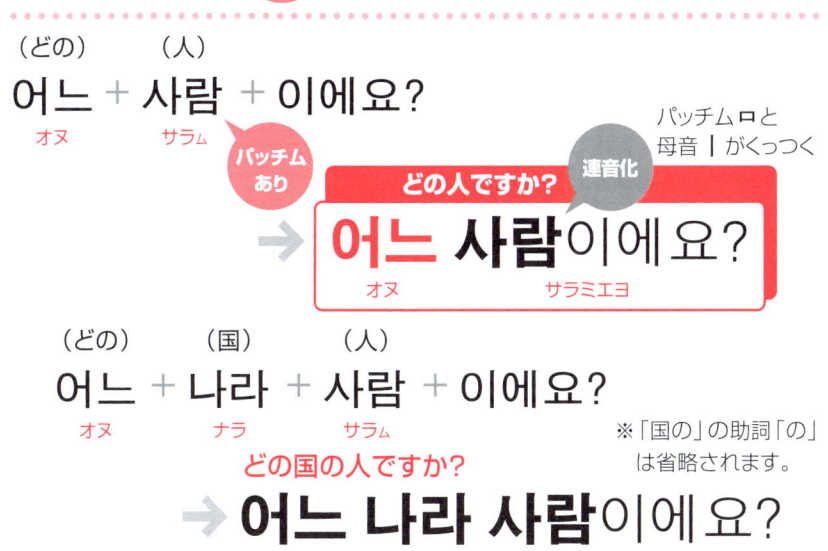

（どの）（人）
어느 ＋ 사람 ＋ 이에요?
オヌ　サラム　　パッチムあり

パッチムㅁと母音 | がくっつく

→ **どの人ですか?**
어느 사람이에요?
オヌ　サラミエヨ
連音化

（どの）（国）（人）
어느 ＋ 나라 ＋ 사람 ＋ 이에요?
オヌ　ナラ　サラム

※「国の」の助詞「の」は省略されます。

どの国の人ですか?
→ **어느 나라 사람이에요?**
オヌ　ナラ　サラミエヨ

※「どちらの国の方ですか?」と言うときは、사람（人）を분（方）に変えて、「어느 나라 분이세요?」となります。

第 2 章　名詞文のしくみ

疑問詞④「誰」

「誰ですか？」

「ヨ」タイプの疑問文「誰ですか？」を作ってみましょう。

（誰）
누구 + 예요？ → **누구**예요？
ヌグ　　　　　　　　　　ヌグエヨ
　　　パッチムなし

誰ですか？

電話の相手や来客者などに「どちらさまですか？」と言うときには、「ですか？」の部分を尊敬表現「세요？[セヨ]」に変えます。

どちらさまですか？
→ 누구**세요？**
　　ヌグセヨ

● **助詞「〜が」を使って**

「名詞＋助詞가/이（〜が）」を加えれば、「〜は誰（どなた）ですか？」というフレーズを作ることができます。

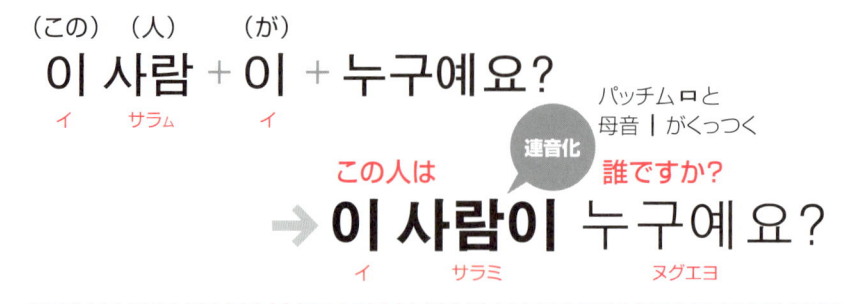

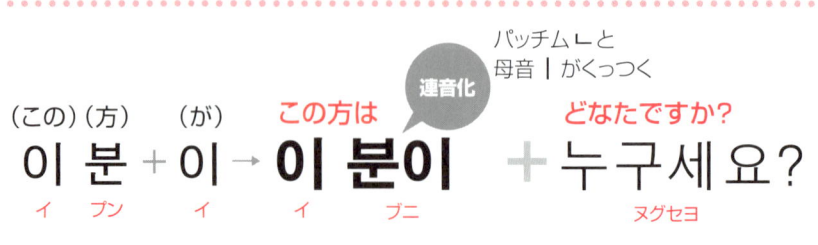

（この）（人）　（が）
이 사람 + 이 + 누구예요？
イ　サラム　　イ
　　　　　　　　　　　　　パッチムㅁと母音ㅣがくっつく
　　　　　　　　　　　　　連音化

この人は　　　　　　**誰ですか？**
→ **이 사람이** 누구예요？
　　イ　サラミ　　　　　ヌグエヨ

　　　　　　　　　　パッチムㄴと母音ㅣがくっつく
　　　　　　　　　　連音化

（この）（方）　（が）　　**この方は**　　　　　　　**どなたですか？**
이 분 + 이 → **이 분이** ＋ 누구세요？
イ　ブン　イ　　イ　ブニ　　　　　　　　　　ヌグセヨ

STEP 2：疑問詞 ● 「誰ですか？」〜関連単語（人間関係）

まとめて覚える関連単語

人間関係

CD 33

☐ 私	나（丁寧語 저） ナ　　　チョ		☐ 兄 (弟から)	형 ヒョン	
☐ 君	너 ←親しい友人に対して ノ ※ていねい語の「あなた」はあまり使われず、相手の名前が使われます。		☐ 姉 (弟から)	누나 ヌナ	
			☐ 兄 (妹から)	오빠 オッパ	
☐ 父	아버지 アボジ		☐ 姉 (妹から)	언니 オンニ	
☐ 母	어머니 オモニ		☐ 弟	남동생 ナムドンセン	
☐ 祖父	할아버지 ハラボジ		☐ 妹	여동생 ヨドンセン	
☐ 祖母	할머니 ハルモニ		☐ 友達	친구 チング	
☐ 夫	남편 ナムピョン		☐ 先輩	선배 ソンベ	
☐ 妻	아내 アネ		☐ 後輩	후배 フベ	
☐ 夫婦	부부 ププ		☐ 同僚 ※実際の発音は [동뇨]	동료 トンニョ	

第2章　名詞文のしくみ

かんたん会話

親戚 = 친척 [チンチョク]

誰ですか？
누구예요?
ヌグエヨ

親戚です。
친척이에요.
チンチョギエヨ

59

疑問詞⑤「いつ」

「いつですか?」

「ヨ」タイプの疑問文「いつですか?」を作ってみましょう。

（いつ）
언제 + 예요? → **언제**예요?
オンジェ　　　　　　　　　オンジェエヨ
　　　　パッチムなし　　　いつですか?

● **助詞「〜が」を使って**

「名詞＋助詞 **가/이**（〜が）」を加えれば、「〜はいつですか?」というフレーズを作ることができます。

（誕生日）（が）
생일 + 이 + 언제예요?　　パッチムㄹと
センイル　イ　　　　　　　　母音ㅣがくっつく
　　　　　　　誕生日は　いつですか?
　　　　　　連音化
→ **생일이** 언제예요?
　　センイリ　　オンジェエヨ

● **助詞「〜から」「〜まで」を使って**

疑問詞「いつ」に助詞「〜から」「〜まで」を加えると、始まりと終わりを尋ねることができます。

（いつ）（から）
언제 + 부터 + 예요? → 언제**부터**예요?
オンジェ　プト　　　　パッチムなし　いつからですか?
　　　　　　　　　　　　　　　　　オンジェプトエヨ

（いつ）（まで）
언제 + 까지 + 예요? → 언제**까지**예요?
オンジェ　カジ　　　　パッチムなし　いつまでですか?
　　　　　　　　　　　　　　　　　オンジェッカジエヨ

※ 上の二つの文を合わせて、**언제부터 언제까지예요?**（いつからいつまでですか?）という文も作ることができます。

STEP 2：疑問詞 ●「いつですか？」～関連単語（時制）

まとめて覚える 関連単語：時制

□ 今日	오늘	オヌル		□ 今年	올해	オレ
□ 昨日	어제	オジェ		□ 去年	작년	チャンニョン
□ 明日	내일	ネイル		□ 来年	내년	ネニョン
□ 明後日	모레	モレ		□ 再来年	내후년	ネフニョン
□ 今週	이번 주	イボン チュ		□ 週末	주말	チュマル
□ 先週	지난주	チナンジュ		□ 月末	월말	ウォルマル
□ 来週	다음 주	タウム チュ		□ 年末	연말	ヨンマル
□ 今月	이번 달	イボン タル		□ 上旬	초순	チョスン
□ 先月	지난달	チナンダル		□ 中旬	중순	チュンスン
□ 来月	다음 달	タウム タル		□ 下旬	하순	ハスン

第2章　名詞文のしくみ

かんたん会話

休日＝휴일 [ヒュイル]

休日はいつですか？
휴일이 언제예요?
ヒュイリ　オンジェエヨ

明日です。
내일이에요.
ネイリエヨ

まとめて覚える 関連単語 とき

CD 35

□10秒	십초 シプチョ		□1日間	하루 ハル
□20秒	이십초 イシプチョ		□1週間	일주일 イルチュイル
□60秒	육십초 ユクシプチョ		□1カ月	일개월 イルゲウォル
□15分	십오분 シボブン		□1年間	일년 동안 イルリョン トンアン
□30分	삼십분 サムシプブン		□朝	아침 アチム
□45分	사십오분 サシボブン		□正午	정오 チョンオ
□1時	한시 ハンシ		□昼	낮 ナッ
□6時	여섯시 ヨソッシ		□夕方	저녁 チョニョク
□12時	열두시 ヨルトゥシ		□夜	밤 パム
□5秒間	오초간 オチョガン		□午前	오전 オジョン
□3分間	삼분간 サムブンガン		□午後	오후 オフ
□8時間	여덟시간 ヨドルシガン			

※ 韓国語では助数詞によって2種類の数字（漢数字と固有数字）を使い分けます（詳しくはp.66〜69を参照）。

まとめて覚える関連単語 気候・季節

STEP 2：疑問詞 ● 関連単語（とき〜気候・季節）

□ 晴れ	맑음	マルグム
□ 曇り	흐림	フリム
□ 雲	구름	クルム
□ 雨	비	ピ
□ 雪	눈	ヌン
□ 霧	안개	アンゲ
□ 霜	서리	ソリ
□ 風	바람	パラム
□ 台風	태풍	テプン
□ 雷	천둥	チョンドゥン
□ 夕立	소나기	ソナギ
□ 虹	무지개	ムジゲ
□ 天気	날씨	ナルッシ
□ 気温	기온	キオン
□ 湿度	습도	スプト
□ 乾燥	건조	コンジョ
□ 低気圧	저기압	チョギアプ
□ 高気圧	고기압	コギアプ
□ 梅雨前線	장마전선	チャンマジョンソン
□ 三寒四温	삼한 사온	サマン サオン
□ 春	봄	ポム
□ 夏	여름	ヨルム
□ 秋	가을	カウル
□ 冬	겨울	キョウル

第 2 章 名詞文のしくみ

まとめて覚える関連単語 暦

CD 37

□ 1月	일월 イロル		□ 月曜日	월요일 ウォリョイル
□ 2月	이월 イウォル		□ 火曜日	화요일 ファヨイル
□ 3月	삼월 サモル		□ 水曜日	수요일 スヨイル
□ 4月	사월 サウォル		□ 木曜日	목요일 モギョイル
□ 5月	오월 オウォル		□ 金曜日	금요일 クミョイル
□ 6月	유월 ユウォル		□ 土曜日	토요일 トヨイル
□ 7月	칠월 チロル		□ 日曜日	일요일 イリョイル
□ 8月	팔월 パロル		□ 平日	평일 ピョンイル
□ 9月	구월 クウォル		□ 休日	휴일 ヒュイル
□ 10月	시월 シウォル		□ 祝日	경축일 キョンチュギル
□ 11月	십일월 シビロル			
□ 12月	십이월 シビウォル			

※「1月」と「3月」は連音化が生じるため、それぞれ[이럴]、[사멀]というように 월 が単純化して発音されます。

※「6」は 육、「10」は 십 ですが、「〜月」がつくとパッチムが落ちて、それぞれ 유월、시월 になります。

韓国の祝日

□ 新正月	1月1日	신정	シンジョン
□ 旧正月	陰暦1月1日	구정	クジョン
□ 三一節 ※植民地支配下での独立運動を記念する日	3月1日	삼일절	サミルチョル
□ 釈迦誕生日	陰暦4月8日	석가탄신일	ソッカタンシニル
□ こどもの日	5月5日	어린이날	オリニナル
□ 顕忠節 ※殉国者追悼の日	6月6日	현충일	ヒョンチュンイル
□ 光復節	8月15日	광복절	クァンボクチョル
□ 秋夕 ※日本のお盆にあたる	陰暦8月15日	추석	チュソク
□ 開天節 ※建国記念日	10月3日	개천절	ケチョンジョル
□ 聖誕節 ※クリスマス	12月25日	성탄절	ソンタンジョル

STEP 3 数字

韓国語の数字には、漢数字と固有数字の2種類があります。「〜年」「〜ウォン」には漢数字を、「〜個」「〜人」には固有数字を使うなど、助数詞によって使い分けます。

漢数字　CD 39

「年」「月」「日」「分」「ウォン」などに使います。

□ 一	일 イル	□ 二十	이십 イシプ	□ 百	백 ペク
□ 二	이 イ	□ 三十	삼십 サムシプ	□ 三百	삼백 サムベク
□ 三	삼 サム	□ 四十	사십 サシプ	□ 五百	오백 オベク
□ 四	사 サ	□ 五十	오십 オシプ	□ 千	천 チョン
□ 五	오 オ	□ 六十	육십 ユクシプ	□ 五千	오천 オチョン
□ 六	육 ユク	□ 七十	칠십 チルシプ	□ 万	만 マン
□ 七	칠 チル	□ 八十	팔십 パルシプ	□ 十万	십만 シムマン
□ 八	팔 パル	□ 九十	구십 クシプ	□ 百万	백만 ペンマン
□ 九	구 ク				
□ 十	십 シプ				

2桁以上の数字

48 = 사십(四十) + 팔(八)
→ 사십팔　サシプパル

350 = 삼백(三百) + 오십(五十)
→ 삼백오십　サムベゴシプ

STEP 3：数字 ● 漢数字

● 発音の注意

일(一)、칠(七)、팔(八)はパッチムが ㄹ なので、後ろに ㄴ が続くと ㄴ が ㄹ で発音（流音化）されます。「〜年」년 [ニョン] をつけた例を見てみましょう。

実際の発音は

1年 = **일년** → [**일련**]　　7年 = **칠년** → [**칠련**]
　　　　流音化　イルリョン　　　　　　　流音化　チルリョン

8年 = **팔년** → [**팔련**]
　　　流音化　パルリョン

육(六)、십(十)、백(百)のパッチムはつまる音なので、後ろに ㅎ が続くと激音化が生じ、ㅁ、ㄴ が続くと鼻音化が生じるなど、発音が変化します。

実際の発音は

6号 = **육호** → [**유코**]　　10万 = **십만** → [**심만**]
　　　　激音化　ユコ　　　　　　　　鼻音化　シムマン

100年 = **백년** → [**뱅년**]
　　　　鼻音化　ペンニョン

육(六)は語頭では[yuk ユㇰ]と発音しますが、母音・パッチム ㄹ のあとでは[륙]、ほかのパッチムのあとでも発音が変化します。

実際の発音は

5,6,7 = **오육칠** → [**오륙칠**]　　16 = **십육** → [**심뉵**]
　　　　　オリュㇰチル　　　　　　　　　　シムニュㇰ

かんたん会話

ウォン＝원 [ウォン]

いくらですか？
얼마예요?
オルマエヨ

24,000ウォンです。
24000원이에요.
イマンサチョノニエヨ

月＝월 [ウォル]、日＝일 [イル]

誕生日はいつですか？
생일이 언제예요?
センイリ　オンジェエヨ

1月15日です。
1월15일입니다.
イロル　シボイルイムニダ

固有数字

「時」「人」「匹」「個」「枚」「冊」などに使います。

☐1	하나 (한) ハナ ハン		☐20	스물 (스무) スムル スム
☐2	둘 (두) トゥル トゥ		☐25	스물 다섯 スムル タソッ
☐3	셋 (세) セッ セ		☐30	서른 ソルン
☐4	넷 (네) ネッ ネ		☐40	마흔 マフン
☐5	다섯 タソッ		☐50	쉰 スィン
☐6	여섯 ヨソッ		☐60	예순 イェスン
☐7	일곱 イルゴプ		☐70	일흔 イルン
☐8	여덟 ヨドル		☐80	여든 ヨドゥン
☐9	아홉 アホプ		☐90	아흔 アフン
☐10	열 ヨル		☐99	아흔 아홉 アフン アホプ

助数詞で変化する**数字**

하나 (1)～넷 (4)と스물 (20)は助数詞がつくと形が変わります。

「～個」개 [ケ] をつけると

하나 → **한**개   넷 → **네**개
둘 → **두**개   스물 → **스무**개
셋 → **세**개

STEP 3：数字 ● 固有数字

● **時間を表すときの注意**

時間を表すとき、「～時～分」の「～時」**시** [シ] には固有数字を使いますが、「～分」**분** [プン] は漢数字なので間違えないようにしましょう。

	固有数字	漢数字
3時10分 =	세 시 セシ	십분 シプブン
7時45分 =	일곱 시 イルゴプシ	사십오분 サシボブン
12時30分 =	열두시 ヨルトゥシ	삼십분 サムシプブン

※「30分」と言うときは、삼십분と同じ意味の「半」반 [パン] も使われます。

※ **分かち書きについて**

韓国語の文は、文節の区切りなどでスペースをあけて書きます。これを「分かち書き」と言います。数字と助数詞の場合は、その間をあけて書くという原則があります（ハングル正書法）が、実際には分かち書きをせずに書くことが許容されています。

原則　　　　　　　許容
2時10分 = 두 시 십 분 → 두시 십분

かんたん会話

歳＝**살** [サル]

何歳ですか？
몇살입니까?
ミョッサリムニッカ

25歳です。
스물다섯 살이에요.
スムルタソッ　サリエヨ

りんごはいくらですか？
사과는 얼마예요?
サグァヌン　オルマエヨ

りんご＝**사과** [サグァ]、
個＝**개** [ケ]、～で＝**에** [エ]

5個で3,000ウォンです。
5개에 3000원이에요.
タソッケエ　サムチョノニエヨ

おさらい練習

練習1 自己紹介の文を作ってみましょう。ここでは「ダ」タイプのていねい形を使います。

● 私は～です。

p.32～33を参考にして、自分の名前をハングルで書いてみましょう。

저는　[　　　]　입니다.
チョヌン　　　　　　　　　イムニダ

저는（私は）のあとは少しスペースを空けますが、名前と입니다（～です）は続けて書きます。

[　　　　　　　　　　　]

● 日本人です。

일본사람입니다.
イルボンサラミムニダ

● 職業は～です。

付録の単語帳p.15を参考にして、職業を書いてみましょう。

직업은　[　　　]　입니다.
チゴブン　　　　　　　　　イムニダ

● 趣味は～です。

付録の単語帳p.16を参考にして、趣味を書いてみましょう。

취미는　[　　　]　입니다.
チュィミヌン　　　　　　　イムニダ

● よろしくお願いします。

잘　부탁합니다.
チャル　プタカムニダ

おさらい練習

練習 2　次の質問に答えてみましょう。ここでは「ヨ」タイプのていねい形を使います。

● 家はどこですか？
집이 어디예요?
チビ　　オディエヨ

p.32〜33を参考にして、地名をハングルで書いてみましょう。

→〜です。

　　　　　　　　　　예요.
　　　　　　　　　　エヨ

主な日本の都市名

札幌 삿포로	横浜 요코하마	大阪 오사카
青森 아오모리	長野 나가노	徳島 도쿠시마
仙台 센다이	名古屋 나고야	広島 히로시마
東京 도쿄	京都 교토	福岡 후쿠오카

● この方はどなたですか？
이분이 누구세요?
イブニ　　ヌグセヨ

p.59もしくは付録の単語集p.1〜2を参考にして、間柄を書いてみましょう。

→〜です。

（パッチムがない名詞に）（パッチムがある名詞に）

　　　　　　　　예요./이에요.
　　　　　　　　エヨ　　イエヨ

● 今日は何日ですか？
오늘은 며칠이에요?
オヌルン　　ミョチリエヨ

p.66もしくは付録の単語集p.4を参考にして、漢数字を書いてみましょう。

→〜日です。

　　　　　　　　일이에요.
　　　　　　　　イリエヨ

第2章　名詞文のしくみ

● コラム

文末表現のニュアンスの違い

　韓国語のていねい形の文末表現、「ヨ」タイプと「ダ」タイプのニュアンスの違いは、ニュース番組のオープニングシーンをイメージしてもらうとわかりやすいでしょう。

　まず、視聴者へのあいさつと今日のトピックスを伝えるのは、フォーマルな「ダ」タイプのていねい形です。

みなさん、こんばんは。
여러분 안녕하십니까?
ヨロブン　　　アンニョンハシムニッカ

7時のニュースをお送りします。
일곱시 뉴스를 보내드리겠습니다.
イルゴプシ　　ニュスルル　　　ポネトゥリゲッスムニダ

今日、この夏の最高気温を記録しました。
오늘 올 여름 최고기온을 기록했습니다.
オヌル　オル　ヨルム　　チェゴキオヌル　　キロケッスムニダ

　次に、隣のキャスターに話しかけるのは、会話でよく使われる「ヨ」タイプのていねい形です。

今日は本当に暑かったですね。
오늘은 정말 더웠네요.
オヌルン　チョンマル　トウォンネヨ

　動詞・形容詞の場合、「ヨ」タイプの文末の「ヨ」を取ると、親しい間柄で使われるくだけた表現、**반말**[パンマル]になります。

今日は本当に暑かったね。
오늘은 정말 더웠네.
オヌルン　チョンマル　トウォンネ

　この表現は、相手が年下の場合でも、初対面では使わないほうが無難です。まずは尊敬語やていねい形を使うようにしてください。

第3章

活用のしくみ

韓国語の動詞・形容詞は、文末表現を作ったり、尊敬や過去などを表すときに語尾が変化(活用)します。この章では、おもな用言を取りあげ、その活用のバリエーションを見ていきます。活用のしくみをしっかり身につけてください。

STEP 1 活用の基本

韓国語の動詞、形容詞は、過去や否定などを表すときに語尾が変化（活用）します。この章では、その活用パターンをしっかり覚えましょう。

韓国語の用言

文の中で述語になる単語のことを**用言**といいます。日本語の用言は、動詞・形容詞・形容動詞の3種類ですが、韓国語の用言は次の4つの品詞に分類されます。

● **動詞**（動作や作用を表す）

가다 = 行く　먹다 = 食べる　보내다 = 送る　など
カダ　　　　モッタ　　　　　ボネダ

● **形容詞**（性質や状態を表す）

크다 = 大きい　많다 = 多い　예쁘다 = かわいい　など
クダ　　　　　マンタ　　　　イェップダ

● **存在詞**（存在を表す「ある」と「ない」）

있다 = ある　없다 = ない
イッタ　　　　オプタ

● **指定詞**（名詞のあとにつけて、ものを特定する）

이다 = ～だ　　※この指定詞をていねい形に活用したのが、第2章の
イダ　　　　　　p.42～43で名詞につけた「～です」でした。

ここで例としてとりあげた用言は、いずれも辞書に載っている基本の形（原形）で、用言の原形は例外なくすべて語尾が「다」で終わります。この「다」をとった部分を**語幹**といい、すべての用言は語幹をもとに活用を始めます。

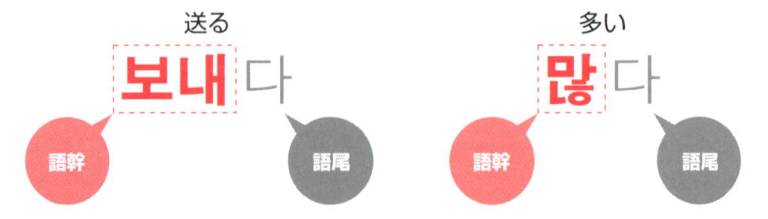

　　送る　　　　　　　　　多い
　보내다　　　　　　　**많**다
　語幹　　語尾　　　　　語幹　　語尾

STEP 1：活用の基本 ● 韓国語の用言〜活用の種類

活用の種類

用言の語幹と語尾がどのようなものか、日本語の例で見てみましょう。

食べ - ない
食べ - ます
語幹 … **食べ - る** … 活用語尾
食べ - れば
食べ - よう

活用するときに変化しない部分「食べ」は語幹、変化する部分「ない」「ます」などは**活用語尾**と呼びます。

韓国語の用言の活用は3種類あり、その用言の語幹の母音の種類やパッチムがあるかないかなどによって、活用語尾が決まります。

① 語幹の母音が陽母音か陰母音かで活用語尾が異なる

「ヨ」タイプていねい形（→p.76）、過去形（→p.80）など

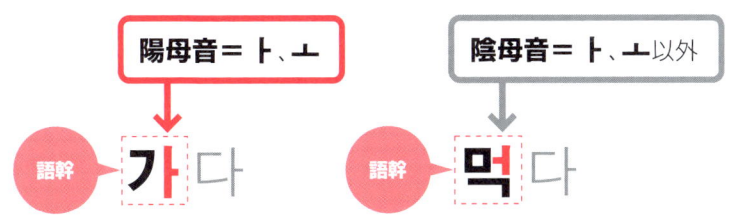

陽母音＝ ㅏ、ㅗ　　　　陰母音＝ ㅏ、ㅗ以外

語幹　가 다　　　　　　語幹　먹 다

② 語幹のパッチムの有無によって活用語尾が異なる

「ダ」タイプていねい形（→p.78）、尊敬語（→p.82）、連体形（→p.86）など

語幹　가 다　　　　　　語幹　먹 다
↑パッチムなし　　　　　　↑パッチムあり

③ 語幹の母音、パッチムに関係なく、同一の活用語尾となる

否定形（→p.84）、逆接表現（→p.178）など

第3章 活用のしくみ

会話でよく使われる文末表現 CD 41

「ヨ」タイプていねい形

　動詞・形容詞の語幹に「ヨ」の音で終わる아요 [アヨ]／어요 [オヨ]をつけると、「〜です／ます」の文末表現になります。아요と어요のどちらをつけるかは、動詞・形容詞の語幹が持つ母音によって決まります。

動詞・形容詞の語幹を見て…

「ヨ」タイプ

陽母音なら → 陽母音語幹 ＋ **아요** アヨ 〜です／ます

陰母音なら → 陰母音語幹 ＋ **어요** オヨ

● 語幹の母音が陽母音（ ㅏ、ㅗ ）の場合

形容詞　小さい　　　　　陽母音語幹　　　　　小さいです　連音化
작다 … 작 ＋ 아요 → **작아요**
チャㇰタ　　　　　　　　　　　　　　　　　チャガヨ

● 語幹の母音が陰母音（ ㅏ、ㅗ以外）の場合

動詞　食べる　　　　　陰母音語幹　　　　　食べます　連音化
먹다 … 먹 ＋ 어요 → **먹어요**
モㇰタ　　　　　　　　　　　　　　　　　モゴヨ

　「ヨ」タイプの場合、文末に「？」をつけるだけで疑問文になります。

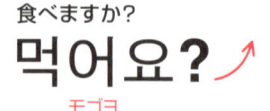

食べますか？
먹어요? ↗
モゴヨ

STEP 1：活用の基本 ● 「ヨ」タイプていねい形

動詞・形容詞だけでなく、存在詞（p.74参照）も同様に活用します。

있다（ある）　　　　　있 ＋ 어요 → 있어요　あります
イッタ　　　　陰母音　　　　　　　　　イッソヨ
　　　　　　　 語幹
없다（ない）　　　　　없 ＋ 어요 → 없어요　ないです
オプタ　　　　　　　　　　　　　　　　オプソヨ

動詞・形容詞の語幹の母音と아／어が合体する場合があります。

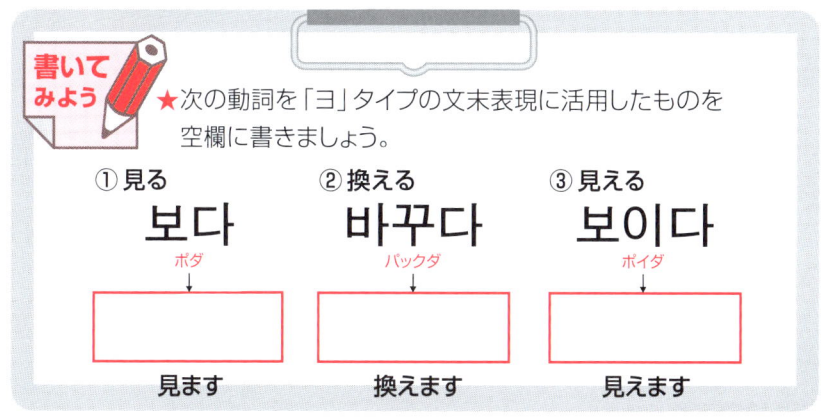

ㅏ＋아요→ㅏ요
사다（買う）　　　사 ＋ 아요 → 사요　買います
サダ　　　　　　　　　　　　　　　サヨ

ㅗ＋아요→ㅘ요
오다（来る）　　　오 ＋ 아요 → 와요　来ます
オダ　　　　　　　　　　　　　　　ワヨ

ㅜ＋어요→ㅝ요
배우다（学ぶ）　　배우 ＋ 어요 → 배워요　学びます
ベウダ　　　　　　　　　　　　　　ベウォヨ

ㅐ＋어요→ㅐ요
보내다（送る）　　보내 ＋ 어요 → 보내요　送ります
ボネダ　　　　　　　　　　　　　　ボネヨ

ㅣ＋어요→ㅕ요
기다리다（待つ）　기다리 ＋ 어요 → 기다려요　待ちます
キダリダ　　　　　　　　　　　　　キダリョヨ

※「する」という意味の動詞하다 [ハダ] は陽母音語幹ですが、例外的に여요がついて해요 [ヘヨ] になります。

書いてみよう ★次の動詞を「ヨ」タイプの文末表現に活用したものを空欄に書きましょう。

① 見る　　　　　② 換える　　　　③ 見える
보다　　　　　　바꾸다　　　　　보이다
ポダ　　　　　　パックダ　　　　ポイダ

　見ます　　　　　換えます　　　　見えます

答え：① 봐요 [ポァヨ] ② 바꿔요 [パックォヨ] ③ 보여요 [ポヨヨ]

第3章　活用のしくみ

> フォーマルな文末表現　CD 42

「ダ」タイプていねい形

　初対面や会議などフォーマルな場で使われる、「ダ」の音で終わる「～です／ます」の文末表現です。動詞・形容詞の語幹にパッチムがない場合は ㅂ니다 [ムニダ] を、パッチムがある場合は 습니다 [スムニダ] をつけます。

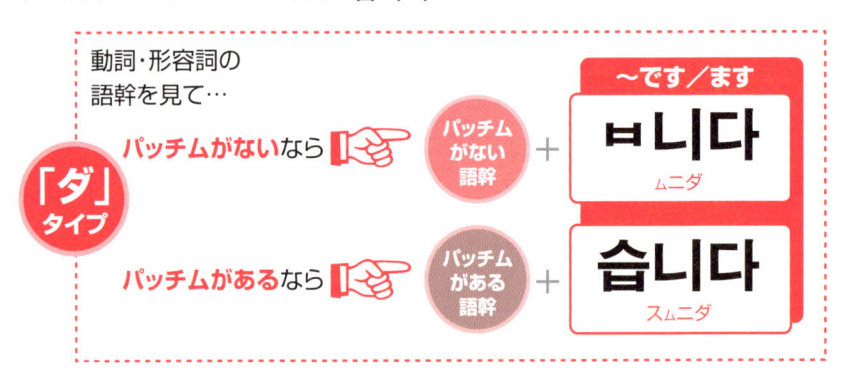

「ダ」タイプ

動詞・形容詞の語幹を見て…

パッチムがないなら 👉 パッチムがない語幹 ＋ **ㅂ니다**（ムニダ）　～です／ます

パッチムがあるなら 👉 パッチムがある語幹 ＋ **습니다**（スムニダ）

● 語幹にパッチムがない場合

〔動詞〕

見る　　　　　　　　　　　　　　　見ます
보다 … 보 ＋ ㅂ니다 → **봅니다**
ポダ　　（パッチムなし）　（鼻音化）　ポムニダ

● 語幹にパッチムがある場合

〔動詞〕

受ける　　　　　　　　　　　　　　受けます
받다 … 받 ＋ 습니다 → **받습니다**
パッタ　　（パッチムあり）　　　　　パッスムニダ

STEP 1：活用の基本 ● 「ダ」タイプていねい形

「ダ」タイプの疑問文を作るには、ㅂ니다／습니다の語尾「다」をとって「까[ッカ]？」をつけます。

見ますか？
봅니다 ＋ 까？ → 봅니까？↗
　ッカ　　　　　　ポムニッカ

受けますか？
받습니다 ＋ 까？ → 받습니까？↗
　ッカ　　　　　　　パッスムニッカ

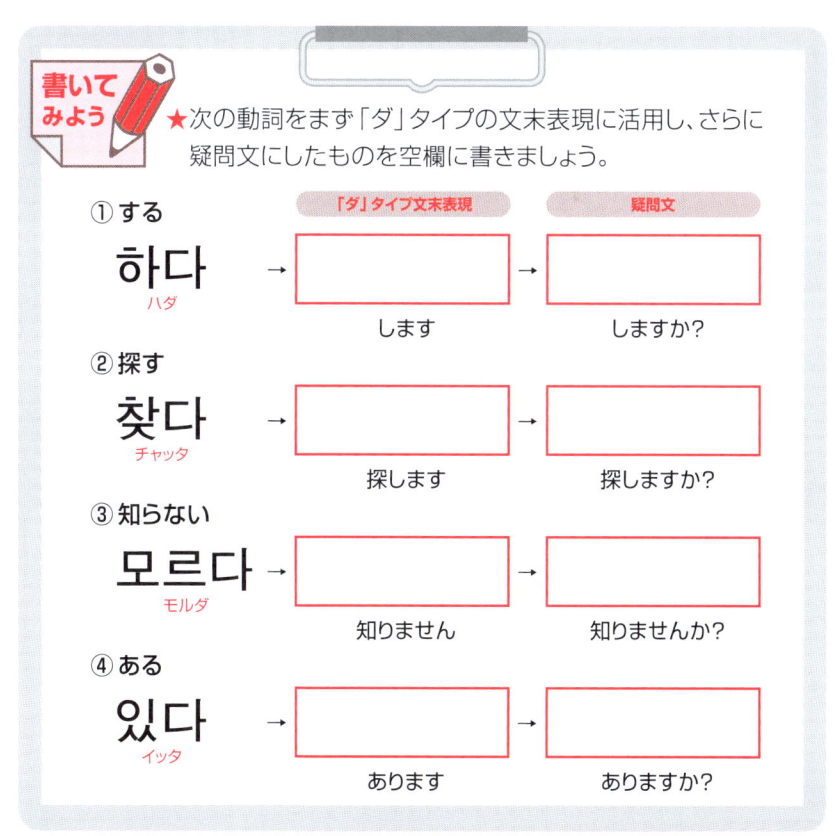

第3章 活用のしくみ

書いてみよう ★次の動詞をまず「ダ」タイプの文末表現に活用し、さらに疑問文にしたものを空欄に書きましょう。

	「ダ」タイプ文末表現	疑問文
① する 하다 ハダ	→ します	→ しますか？
② 探す 찾다 チャッタ	→ 探します	→ 探しますか？
③ 知らない 모르다 モルダ	→ 知りません	→ 知りませんか？
④ ある 있다 イッタ	→ あります	→ ありますか？

答え：① 합니다［ハムニダ］／합니까？［ハムニッカ］　② 찾습니다［チャッスムニダ］／찾습니까？［チャッスムニッカ］　③ 모릅니다［モルムニダ］／모릅니까？［モルムニッカ］　④ 있습니다［イッスムニダ］／있습니까？［イッスムニッカ］

「ヨ」タイプのおまけで覚えられる

過去形

過去形は、「ヨ」タイプのていねい形と同様、語幹の母音を見て活用します。過去形の活用語尾았다 [アッタ] ／었다 [オッタ] は、初声と中声が「ヨ」タイプの活用語尾아요／어요と同じなので、覚えやすいでしょう。

過去形

動詞・形容詞の語幹を見て…

陽母音なら → 陽母音語幹 ＋ **았다** アッタ　〜した／だった

陰母音なら → 陰母音語幹 ＋ **었다** オッタ

● 語幹の母音が陽母音（ ㅏ、ㅗ ）の場合

動詞　遊ぶ　　　陽母音語幹　　　遊んだ
놀다 … 놀 ＋ 았다 → 놀았다
ノルダ　　　　　　　　　　　　　　ノラッタ（連音化）

● 語幹の母音が陰母音（ ㅏ、ㅗ以外 ）の場合

形容詞　遅い　　　陰母音語幹　　　遅かった
늦다 … 늦 ＋ 었다 → 늦었다
ヌッタ　　　　　　　　　　　　　　ヌジョッタ（連音化）

STEP 1：活用の基本 ● 過去形

過去形でも「ヨ」タイプのていねい形と同様、語幹の母音と活用語尾の母音が合体する場合があります。

ㅏ+았다→ㅏㅆ다 사다（買う） サダ	사	+ 았다 →	買った 샀다 サッタ
ㅗ+았다→ㅘㅆ다 오다（来る） オダ	오	+ 았다 →	来た 왔다 ワッタ
ㅜ+었다→ㅝㅆ다 배우다（学ぶ） ペウダ	배우	+ 었다 →	学んだ 배웠다 ペウォッタ
ㅐ+었다→ㅐㅆ다 보내다（送る） ポネダ	보내	+ 었다 →	送った 보냈다 ポネッタ
ㅣ+었다→ㅕㅆ다 기다리다（待つ） キダリダ	기다리	+ 었다 →	待った 기다렸다 キダリョッタ

※ 動詞하다[ハダ]は、例外的に였다がついて했다[ヘッタ]になります。

動詞・形容詞を「～でした／ました」という文末表現にするには、過去形の語幹にていねい形の活用語尾をつけます。

● **「ヨ」タイプていねい形**

過去形の語幹の母音にかかわらず、어요をつけます。

遊んだ　　　　　遊びました
놀았다 + 어요 → 놀았어요
　　　　　　　　ノラッソヨ

※ 過去形の語幹았は陽母音ですが、例外的に어요がつきます。

● **「ダ」タイプていねい形**

語幹았／었にはいずれもパッチムがあるので、습니다をつけます。

遅かった　　　　　遅かったです
늦었다 + 습니다 → 늦었습니다
　　　　　　　　　ヌジョッスムニダ

日本語の敬語よりも使用頻度が高い　CD 44

尊敬語

韓国では、目上の人に対して必ず尊敬語を使います。韓国を旅行する場合、初対面の人には尊敬語を使うことをお勧めします。尊敬語は、動詞・形容詞の語幹にパッチムがあるかどうかで活用語尾が決まります。

尊敬語

動詞・形容詞の語幹を見て…

パッチムがないなら ☞ パッチムがない語幹 ＋ **시다**（シダ）〜される

パッチムがあるなら ☞ パッチムがある語幹 ＋ **으시다**（ウシダ）

● 語幹にパッチムがない場合

動詞　行く　　　　　　パッチムなし　　　行かれる
가다（カダ）… 가 ＋ 시다 → **가시다**（カシダ）

● 語幹にパッチムがある場合

動詞　読む　　　　　　パッチムあり　　　読まれる　連音化
읽다（イクタ）… 읽 ＋ 으시다 → **읽으시다**（イルグシダ）

日本語でも「食べる」の敬語が「召し上がる」になるように、韓国語の尊敬語も形そのものが変わるものがあります。

食べる／飲む　　　召し上がる
먹다／마시다 → **드시다**
（モクタ／マシダ）　（トゥシダ）

いる　　　いらっしゃる
있다 → **계시다**
（イッタ）　（ケシダ）

STEP 1：活用の基本　● 尊敬語

尊敬語を「〜です／ます」の文末表現にするには、尊敬語の語幹にていねい形の活用語尾をつけます。

● 「ヨ」タイプていねい形

尊敬語の語幹 시／으시 はいずれも陰母音語幹なので、어요をつけます。

行かれる　　　　　　　　　　　　　行かれます
가시다 ＋ 어요 （→가셔요） → 가세요
　　　　　　　　　　　　　　　　　　カセヨ

※ 어요がつくと、本来は셔요の形になりますが、発音しやすいように세요の形に変わります。尊敬語の「ヨ」タイプ活用語尾は「(으)세요」と覚えてしまいましょう。

※ (으)세요はやわらかい命令も表すので、가세요は「お行きなさい」という意味でも使われます。

● 「ダ」タイプていねい形

語幹 시／으시 にはいずれもパッチムがないので、ㅂ니다をつけます。

読まれる　　　　　　　　読まれます
읽으시다 ＋ ㅂ니다 → 읽으십니다
　　　　　　　　　　　　　イルグシムニダ

書いてみよう　★次の動詞をまず尊敬語に活用し、さらに「ヨ」タイプの文末表現にしたものを空欄に書きましょう。

① 待つ

기다리다 → [尊敬語] 　　　　　　　待たれる
キダリダ
　　　　　↓
　　　　　[「ヨ」タイプ] 　　　　　　待たれます
　　　　　　　　　　　　　　　　　（お待ちなさい）

② 着る

입다 → [尊敬語] 　　　　　　　お召しになる
イプタ
　　　↓
　　　[「ヨ」タイプ] 　　　　　　お召しになります
　　　　　　　　　　　　　　　（お召しなさい）

答え：① 기다리시다［キダリシダ］／기다리세요［キダリセヨ］　② 입으시다［イブシダ］／입으세요［イブセヨ］

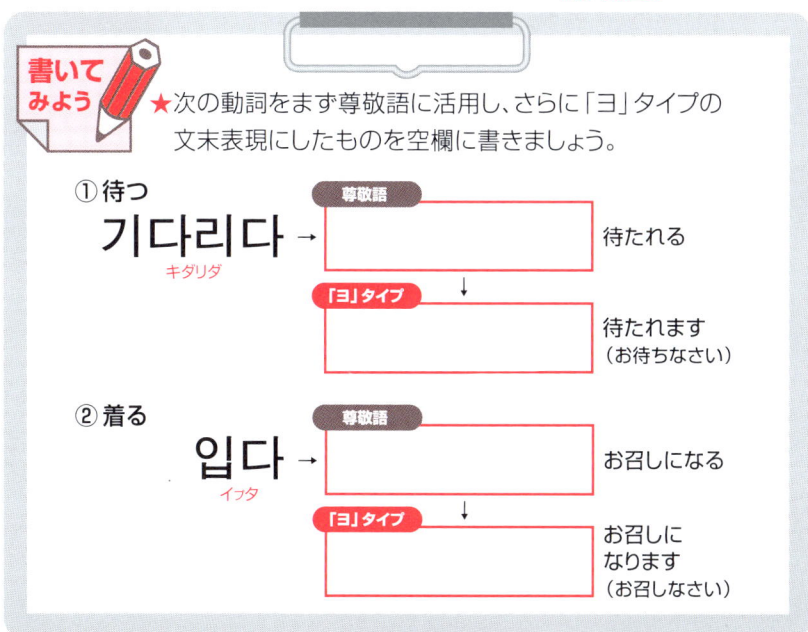

第3章　活用のしくみ

2種類あります

否定形

否定形は、動詞・形容詞の前につける形と、後ろにつける形の2種類がありますが、どちらも母音の種類やパッチムの有無に関係なく活用します。

動詞・形容詞の語幹の母音、パッチムの有無にかかわらず

※会話では안のほうがよく使われます。

否定形

前につけるなら → 〜ない **안**(アン) + 原形

後ろにつけるなら → 語幹 + **지 않다**(チ アンタ)

● 原形の前につける場合

形容詞

良い
좋다 (チョタ) … 안 + 좋다 → 良くない **안 좋다** (アン チョタ)

「ヨ」タイプ　陽母音語幹
안 좋다 + 아요 → 良くないです **안 좋아요** (アン チョアヨ)

● 語幹の後ろにつける場合

動詞

あげる
주다 (チュダ) … 주 + 지 않다 → あげない **주지 않다** (チュジ アンタ) 〔有声音化〕

「ヨ」タイプ　陽母音語幹
주지 않다 + 아요 → あげないです **주지 않아요** (チュジ アナヨ)

STEP 1：活用の基本 ● 否定形

動詞・形容詞の後ろに지 않다をつける場合、語幹のパッチムの有無、種類によって「지」の発音が変わるので気をつけましょう。

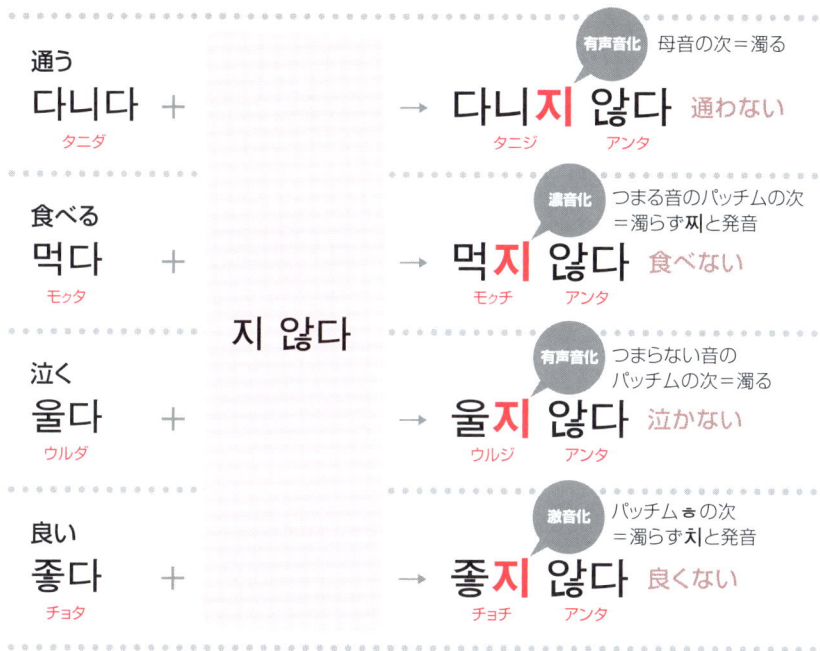

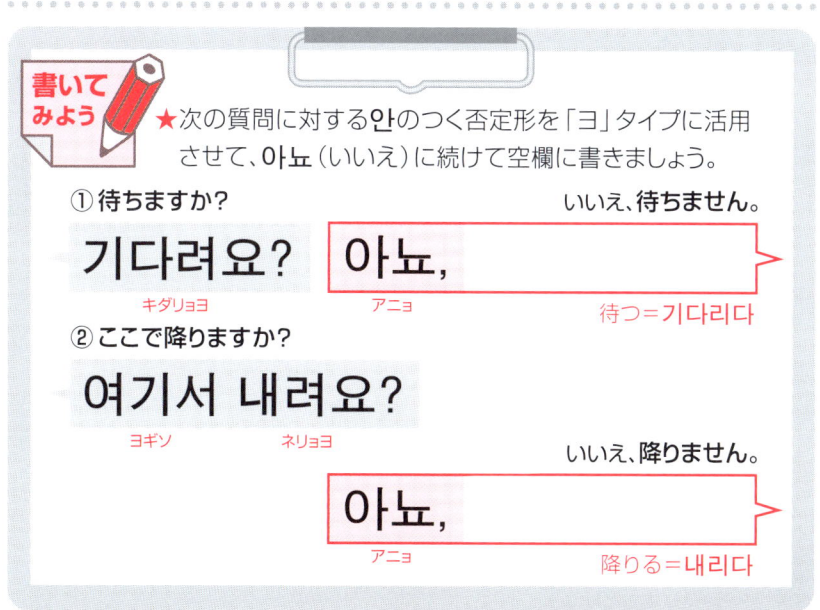

通う
다니다 ＋ → 다니**지** 않다　通わない
タニダ　　　　　　　　　タニジ　アンタ
【有声音化】母音の次＝濁る

食べる
먹다 ＋ → 먹**지** 않다　食べない
モクタ　　　　　　　　　モクチ　アンタ
【濃音化】つまる音のパッチムの次＝濁らず찌と発音

지 않다

泣く
울다 ＋ → 울**지** 않다　泣かない
ウルダ　　　　　　　　　ウルジ　アンタ
【有声音化】つまらない音のパッチムの次＝濁る

良い
좋다 ＋ → 좋**지** 않다　良くない
チョタ　　　　　　　　　チョチ　アンタ
【激音化】パッチムㅎの次＝濁らず치と発音

第3章 活用のしくみ

書いてみよう

★次の質問に対する안のつく否定形を「ヨ」タイプに活用させて、아뇨（いいえ）に続けて空欄に書きましょう。

① 待ちますか？
기다려요?
キダリョヨ
いいえ、待ちません。
아뇨,
アニョ
待つ＝기다리다

② ここで降りますか？
여기서 내려요?
ヨギソ　ネリョヨ
いいえ、降りません。
아뇨,
アニョ
降りる＝내리다

答え：①안 기다려요.［アン キダリョヨ］ ②안 내려요.［アン ネリョヨ］

85

時制で使い分ける

連体形

「大きい家」の「大きい」、「食べたもの」の「食べた」など、名詞を修飾する連体形を作ります。韓国語の連体形は、過去・現在・未来の時制がはっきりしており、動詞・形容詞・指定詞・存在詞それぞれに少しずつ活用が変わります。

連体形①

動詞の語幹を見て…

- パッチムが**ない**なら → パッチムがない語幹
- パッチムが**ある**なら → パッチムがある語幹

	過去	現在	未来
パッチムがない語幹 +	ㄴ (ン)	는 (ヌン)	ㄹ (ル)
パッチムがある語幹 +	은 (ウン)		을 (ウル)

+ 名詞

● 動詞の連体形

名詞 것（もの）をつけて、動詞の連体形を見てみましょう。

送る　보내다（ポネダ） パッチムなし

- + 過去 ㄴ + 것 → 보낸 것（ポネン コッ）（前に）送ったもの
- + 現在 는 + 것 → 보내는 것（ポネヌン コッ）（いつも／今）送るもの
- + 未来 ㄹ + 것 → 보낼 것（ポネル コッ）（これから）送るもの

食べる　먹다（モクタ） パッチムあり

- + 過去 은 + 것 → 먹은 것（モグン コッ）（前に）食べたもの
- + 現在 는 + 것 → 먹는 것（モンヌン コッ）（いつも／今）食べるもの
- + 未来 을 + 것 → 먹을 것（モグル コッ）（これから）食べるもの

STEP 1：活用の基本 ● 連体形

連体形②

形容詞・指定詞の語幹を見て…

パッチムが**ない**なら → パッチムがない語幹 ＋

パッチムが**ある**なら → パッチムがある語幹 ＋

過去	現在	未来
던 (トン)	ㄴ (ン)	ㄹ (ル)
	은 (ウン)	을 (ウル)

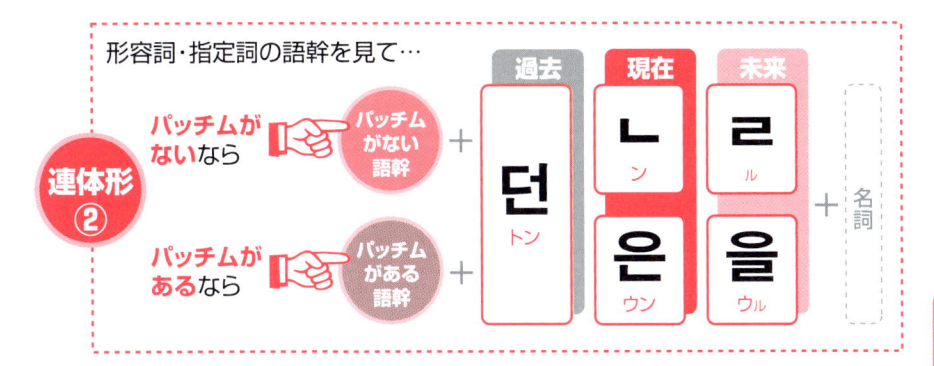

＋ 名詞

● 形容詞の連体形

名詞 날（日）をつけて、形容詞の連体形を見てみましょう。

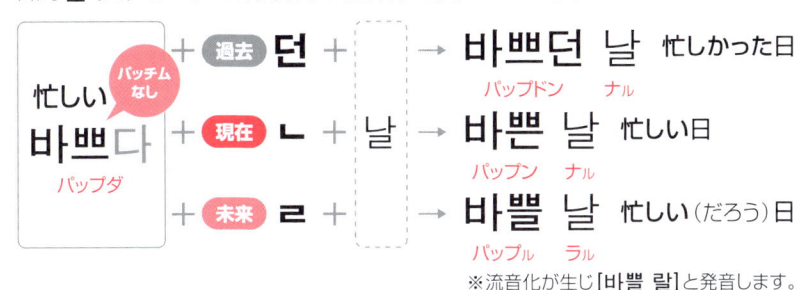

忙しい **바쁘다**（パップダ） パッチムなし

- ＋ 過去 던 ＋ 날 → 바쁘던 날（パップドン ナル） 忙しかった日
- ＋ 現在 ㄴ ＋ 날 → 바쁜 날（パップン ナル） 忙しい日
- ＋ 未来 ㄹ ＋ 날 → 바쁠 날（パップル ラル） 忙しい（だろう）日

※流音化が生じ [바쁠 랄] と発音します。

連体形③

存在詞
있다（ある）イッタ
없다（ない）オプタ

語幹 ＋

過去	現在	未来
던 (トン)	는 (ヌン)	을 (ウル)

＋ 名詞

● 存在詞の連体形

名詞 것（もの）をつけて、存在詞の連体形を見てみましょう。

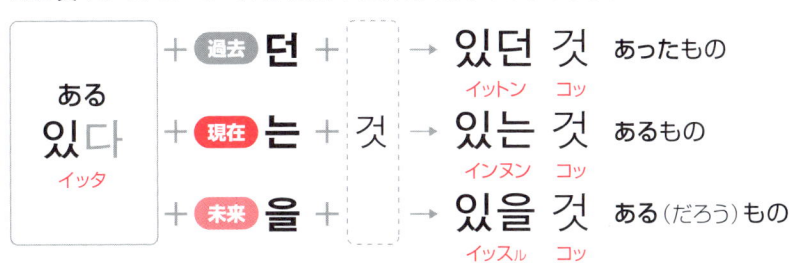

ある **있다**（イッタ）

- ＋ 過去 던 ＋ 것 → 있던 것（イットン コッ） あったもの
- ＋ 現在 는 ＋ 것 → 있는 것（インヌン コッ） あるもの
- ＋ 未来 을 ＋ 것 → 있을 것（イッスル コッ） ある（だろう）もの

第3章 活用のしくみ

STEP 2 おもな用言の活用

●語幹が陽母音「ㅏ」で、パッチムがない動詞　CD 47

行く = 가다　カダ

文末表現

「ヨ」タイプ：陽母音語幹 ＋ 아요. (アヨ) → 가요. (カヨ)　行きます。

「ダ」タイプ：パッチムがない語幹 ＋ ㅂ니다. (ムニダ) → 갑니다. (カムニダ)　行きます。

●活用のバリエーション

尊敬語
パッチムがない語幹 ＋ 시다 (シダ) → 가시다 (カシダ)　行かれる

「ヨ」タイプ　＋어요　語幹が陰母音なので → 가세요　(＝行かれます)

過去形
陽母音語幹 ＋ 았다 (アッタ) → 갔다 (カッタ)　行った

「ヨ」タイプ　＋어요　陽/陰ともに → 갔어요　(＝行きました)

連体形
パッチムがない語幹 ＋
- 過去：ㄴ (ン) → 간 (カン)　行った～
- 現在：는 (ヌン) → 가는 (カヌン)　行く～
- 未来：ㄹ (ル) → 갈 (カル)　行く～

●同じ種類のほかの動詞

- 出る　나다　ナダ
- 買う　사다　サダ
- 乗る　타다　タダ
- 発つ　떠나다　トナダ

STEP 2：おもな用言の活用 ● 行く

● フレーズのバリエーション

昨日、講演会に**行かれましたか？**
어제 강연회에 가셨어요?
オジェ　カンヨネエ　カショッソヨ

一緒に**行く人**がいませんでした。
같이 갈 사람이 없었어요.
カチ　カル　サラミ　オプソッソヨ

だから**行きませんでした。**
그래서 안 갔어요.
クレソ　アン　カッソヨ

● 강연회 [カンヨネ]：講演会　● 같이 [カチ]：一緒に　● 그래서 [クレソ]：だから

①行かれましたか？

まず**가다**（行く）を尊敬語にして、

（語幹）（尊敬）　　行かれる
가 + 시다 → 가시다

次に過去形に活用します。文末は「ヨ」タイプのていねい形です。

（過去）（「ヨ」タイプ疑問）　行かれましたか？
가시다 + 었다 + 어요? → 가셨어요?

②行く人

가다（行く）の連体形未来が**사람**（人）を修飾します。

（語幹）（連体形未来）（人）　行く人
가 + ㄹ + 사람 → 갈 사람

③行きませんでした

動詞の前に**안**をつけて否定を表します。

（否定）（語幹）（過去）（「ヨ」タイプ）　行きませんでした
안 + 가 + 았다 + 어요 → 안 갔어요

● 語幹が陽母音「ㅗ」で、パッチムがない動詞　CD 48

見る = 보다
　　　　ポダ

文末表現

「ヨ」タイプ　陽母音語幹 + 아요. (アヨ) → 봐요. (ボアヨ)　見ます。

「ダ」タイプ　パッチムがない語幹 + ㅂ니다. (ムニダ) → 봅니다. (ポムニダ)　見ます。

● 活用のバリエーション

尊敬語

パッチムがない語幹 + 시다 (シダ) → 보시다 (ポシダ)　ご覧になる

「ヨ」タイプ +어요　語幹が陰母音なので → 보세요 (=ご覧になります)

過去形

陽母音語幹 + 았다 (アッタ) → 봤다 (ポアッタ)　見た

「ヨ」タイプ +어요　陽/陰ともに → 봤어요 (=見ました)

連体形

過去　ㄴ (ン) → 본 (ポン)　見た〜

パッチムがない語幹 + 現在　는 (ヌン) → 보는 (ポヌン)　見る〜

未来　ㄹ (ル) → 볼 (ポル)　見る〜

● 同じ種類のほかの動詞

来る　오다　オダ
撃つ　쏘다　ソダ
入ってくる　들어오다　トゥロオダ
出てくる　나오다　ナオダ

STEP 2：おもな用言の活用 ● 見る

● **フレーズのバリエーション**

昨日、この新聞記事、
어제 이 신문기사
オジェ　イ　　シンムンギサ

見ませんでしたか？
안 봤어요?
アン　ポァッソヨ

うん？ **見た記憶**がありません。
응? 본 기억이 없어요.
ウン　ポン　キオギ　オプソヨ

● 신문기사 [シンムンギサ]：新聞記事　● 기억 [キオㇰ]：記憶

①見ませんでしたか？

보다（見る）の過去形にし、その前に안をつけた否定形です。

（否定）（語幹）（過去）（「ヨ」タイプ疑問）　見ませんでしたか？
안 ＋ 보 ＋ 았다 ＋ 어요? → 안 봤어요?

②見た記憶

보다（見る）の連体形過去が기억（記憶）を修飾しています。

（語幹）（連体形過去）（記憶）　見た記憶
보 ＋ ㄴ ＋ 기억 → 본 기억

書いてみよう

★「見る」と同じ種類の動詞 오다（来る）を使って、次の文を作りましょう。

昨日、友達が来ませんでしたか？

→ _____

友達：친구 [チング]

答え：어제 친구가 안 왔어요? [オジェ チングガ アン ワッソヨ]

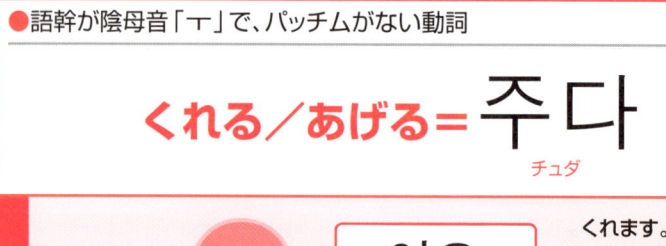

- ●語幹が陰母音「ㅜ」で、パッチムがない動詞　CD 49

くれる／あげる＝ 주다
チュダ

文末表現

「ヨ」タイプ　陰母音語幹 ＋ 어요. (オヨ) → 줘요. (チョヨ)　くれます。／あげます。

「ダ」タイプ　パッチムがない語幹 ＋ ㅂ니다. (ムニダ) → 줍니다. (チュムニダ)　くれます。／あげます。

● 活用のバリエーション

尊敬語
パッチムがない語幹 ＋ 시다 (シダ) → 주시다 (チュシダ)　くださる
「ヨ」タイプ ＋ 어요 → 주세요 （＝くださいます）　語幹が陰母音なので

過去形
陰母音語幹 ＋ 었다 (オッタ) → 줬다 (チュオッタ)　あげた
「ヨ」タイプ ＋ 어요 → 줬어요 （＝あげました）　陽／陰ともに

連体形
パッチムがない語幹 ＋
- 過去　ㄴ (ン) → 준 (チュン)　くれた／あげた〜
- 現在　는 (ヌン) → 주는 (チュヌン)　くれる／あげる〜
- 未来　ㄹ (ル) → 줄 (チュル)　くれる／あげる〜

●同じ種類のほかの動詞
- 換える　바꾸다 (パックダ)
- 消す　지우다 (チウダ)
- 学ぶ　배우다 (ペウダ)
- 分ける　나누다 (ナヌダ)
- 扱う　다루다 (タルダ)

STEP 2：おもな用言の活用 ● くれる／あげる

● **フレーズのバリエーション**

隣のおばさんが
옆집 아줌마가
ヨプチプ　　アジュムマガ

くださったジャガイモです。
주신 감자예요.
チュシン　　カムジャエヨ

私にもいくつか**ください**。
저에게도 몇개 주세요.
チョエゲド　　ミョッケ　　チュセヨ

● 옆집 [ヨプチプ]：隣家　● 아줌마 [アジュムマ]：おばさん
● 몇개 [ミョッケ]：いくつかの…通常は「何個」の意味で使われますが、ここでは不特定の数を表しています。

①くださったジャガイモ

주다（くれる）の尊敬語を連体形にして、감자（ジャガイモ）を修飾しています。

（語幹）　（尊敬）　（連体形過去）（ジャガイモ）　くださったジャガイモ
주 ＋ **시**다 ＋ **ㄴ** ＋ **감자** → **주신 감자**

②ください

주다（くれる）の尊敬語ですが、やわらかい命令の意味で使われます。

（語幹）　（尊敬）　（「ヨ」タイプ）　ください
주 ＋ **시**다 ＋ **어요** → **주세요**

주다は「くれる」と「あげる」の両方の意味で使われますが、敬語にする場合には形が変わるので注意してください。

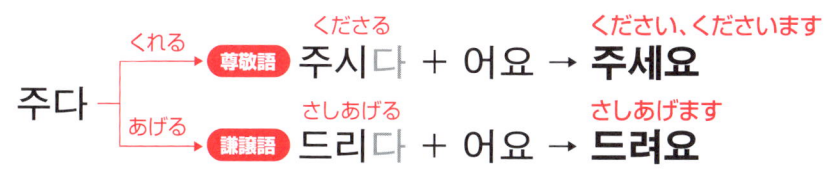

　　　　　　　　　　　　くださる　　　　　　　ください、くださいます
　　　　　くれる → 尊敬語 **주시**다 ＋ 어요 → **주세요**
주다
　　　　　あげる → 謙譲語 **드리**다 ＋ 어요 → **드려요**
　　　　　　　　　　　　さしあげる　　　　　　さしあげます

第3章　活用のしくみ

●語幹が陰母音「ㅣ」で、パッチムがない動詞　CD 50

生じる＝생기다
センギダ

文末表現

「ヨ」タイプ： 陰母音語幹 ＋ 어요. (オヨ) → 생겨요. (センギョヨ) 　生じます。

「ダ」タイプ： パッチムがない語幹 ＋ ㅂ니다. (ムニダ) → 생깁니다. (センギムニダ) 　生じます。

● 活用のバリエーション

尊敬語
パッチムがない語幹 ＋ 시다 (シダ) → 생기시다 (センギシダ) 　生じられる
「ヨ」タイプ ＋어요 → 생기세요　語幹が陰母音なので
（＝生じられます）

過去形
陰母音語幹 ＋ 었다 (オッタ) → 생겼다 (センギョッタ) 　生じた
「ヨ」タイプ ＋어요 → 생겼어요　陽/陰ともに
（＝生じました）

連体形
過去 ㄴ (ン) → 생긴 (センギン) 　生じた〜

パッチムがない語幹 ＋ 現在 는 (ヌン) → 생기는 (センギヌン) 　生じる〜

未来 ㄹ (ル) → 생길 (センギル) 　生じる〜

●同じ種類のほかの動詞
待つ　기다리다 キダリダ
残す　남기다 ナムギダ
描く　그리다 クリダ
打つ　치다 チダ
通う　다니다 タニダ

STEP 2：おもな用言の活用 ● 生じる

● **フレーズのバリエーション**

おでこにニキビが**できました**。
이마에 여드름이 생겼어요.
イマエ　　　ヨドゥルミ　　　　センギョッソヨ

ハンサムな顔が台無しね。
잘 생긴 얼굴이 망가지네.
チャル　センギン　　オルグリ　　　　マンガジネ

- 이마 [イマ]：額 ● 여드름 [ヨドゥルム]：ニキビ
- 망가지다 [マンガジダ]：壊れる、だめになる

※語幹＋네で詠嘆「〜ね」「〜なあ」を表します。

① **できました**

생기다（生じる）を過去のていねい形にします。

（語幹）　（過去）　（「ヨ」タイプ）　生じました（できました）

생기 ＋ **었**다 ＋ **어요** → **생겼어요**

② **ハンサムな顔**

外見についていう場合、**잘**（良く）＋**생겼다**（できた）で「ハンサムだ」という意味になります。これを連体形にした**잘 생긴**（ハンサムな）＋**얼굴**（顔）で「ハンサムな顔」という表現です。

（語幹）　（連体形過去）　（顔）　　ハンサムな顔

잘 생기 ＋ **ㄴ** ＋ **얼굴** → **잘 생긴 얼굴**

書いて みよう
★「生じる」と同じ種類の動詞**기다리다**（待つ）を使って、次の文を作りましょう。

1時間も待ちました。

→ ☐

1時間：한시간 [ハンシガン]、
〜も：나 [ナ]（パッチムがない名詞に）／ 이나 [イナ]（パッチムがある名詞に）

答え：한 시간이나 기다렸어요.［ハンシガニナ キダリョッソヨ］

●陽母音語幹に例外的に여요がつく、パッチムがない動詞

する = 하다
ハダ

文末表現				
「ヨ」タイプ	語幹 하 +	여요. ヨヨ	→	します。 해요. ヘヨ
「ダ」タイプ	パッチムがない語幹 +	ㅂ니다. ムニダ	→	します。 합니다. ハムニダ

● 活用のバリエーション

尊敬語

パッチムがない語幹 + 시다 (シダ) → なさる 하시다 (ハシダ)

「ヨ」タイプ +어요 → 하세요 （語幹が陰母音なので）（=なさいます）

過去形

語幹 하 + 였다 (ヨッタ) → した 했다 (ヘッタ)

「ヨ」タイプ +어요 → 했어요 （陽/陰ともに）（=しました）

連体形

過去 ㄴ (ン) → した～ 한 (ハン)

パッチムがない語幹 + 現在 는 (ヌン) → する～ 하는 (ハヌン)

未来 ㄹ (ル) → する～ 할 (ハル)

STEP 2：おもな用言の活用 ● する

● **フレーズのバリエーション**

食事されましたか？
식사하셨어요?
シクサハショッソヨ

いいえ、まだしていません。
아뇨, 아직 안 했어요.
アニョ　アジク　アネッソヨ

● 식사 [シクサ]：食事 ● 아직 [アジク]：まだ

①されましたか？

하다（する）に尊敬の시다がつくと、語幹は하시になるので、였다ではなく 었다がつきます。

（語幹）（尊敬）　（過去）（「ヨ」タイプ疑問）　なさいましたか？
하 + 시다 + 었다 + 어요？ → 하셨어요？

하다の前に名詞をつけると「〜する」という便利な表現になります（「名詞＋を＋する」の助詞「を」を省略した形です）。

관광하다 観光する	독서하다 読書する
クァングァンハダ	トクソハダ
샤워하다 シャワーする	드라이브하다 ドライブする
シャウォハダ	トゥライブハダ

②していません

過去形疑問文に対する答えです。韓国語では過去形のまま「〜でした」と答えます。また、尊敬語は目上の相手に対しての尊敬を表すため、日本語と同じように、主語が自分の場合は尊敬語を使いません。

（否定）（語幹）（過去）（「ヨ」タイプ）　しませんでした（していません）
안 + 하 + 였다 + 어요 → 안 했어요

第3章 活用のしくみ

●語幹が陰母音「ㅚ」で、パッチムがない動詞

なる = 되다
テダ

CD 52

文末表現	「ヨ」タイプ	陰母音語幹 + 어요. (オヨ) → **돼요.** (テヨ) なります。 ㅚ+어→ㅙ
	「ダ」タイプ	パッチムがない語幹 + ㅂ니다. (ムニダ) → **됩니다.** (テムニダ) なります。

● 活用のバリエーション

尊敬語

パッチムがない語幹 + 시다 (シダ) → **되시다** (テシダ) なられる
「ヨ」タイプ +어요 → 되세요 （＝なられます）
語幹が陰母音なので

過去形

陰母音語幹 + 었다 (オッタ) → **됐다** (テッタ) なった ㅚ+어→ㅙ
「ヨ」タイプ +어요 → 됐어요 （＝なりました）
陽／陰ともに

連体形

パッチムがない語幹 + 過去 ㄴ (ン) → **된** (テン) なった〜
+ 現在 는 (ヌン) → **되는** (テヌン) なる〜
+ 未来 ㄹ (ル) → **될** (テル) なる〜

●同じ種類のほかの動詞

誘う 꾀다 ケダ
暗記する 외다 ウェダ
祝う 쇠다 セダ

STEP 2：おもな用言の活用 ● なる

● **フレーズのバリエーション**

さなぎになった幼虫は
번데기가 된 애벌레는
ポンデギガ　　テン　　エボルレヌン

どこに行きましたか？
어디에 갔어요?
オディエ　　カッソヨ

蝶に**なりました**。
나비가 됐어요.
ナビガ　　テッソヨ

● 번데기 [ポンデギ]：さなぎ　● 애벌레 [エボルレ]：幼虫　● 나비 [ナビ]：蝶

①さなぎになった幼虫

「〜になる」は「〜가/이 되다」。このとき韓国語では、助詞「に」ではなく「が（가/이）」を使って表現します。

（さなぎ）（助詞）（語幹）（連体形過去）（幼虫）
번데기 ＋ 가 ＋ 되 ＋ ㄴ ＋ 애벌레

さなぎになった幼虫
→ **번데기가 된 애벌레**

②なりました

되다（なる）の過去ていねい形です。

※「됐어요」は「結構です」という意味で使われることもあります。

（語幹）（過去）（「ヨ」タイプ）　なりました
되 ＋ 었다 ＋ 어요 → 됐어요

第3章　活用のしくみ

●語幹が陽母音「ト」で、パッチムがある動詞

探す = 찾다
チャッタ

文末表現

「ヨ」タイプ	陽母音語幹 +	아요. アヨ	→	探します。 찾아요. チャジャヨ
「ダ」タイプ	パッチムがある語幹 +	습니다. スムニダ	→	探します。 찾습니다. チャッスムニダ

● 活用のバリエーション

尊敬語

パッチムがある語幹 + 으시다 ウシダ → 探される 찾으시다 チャジュシダ

「ヨ」タイプ +어요 → 찾으세요 (=探されます)
語幹が陰母音なので

過去形

陽母音語幹 + 았다 アッタ → 探した 찾았다 チャジャッタ

「ヨ」タイプ +어요 → 찾았어요 (=探しました)
陽/陰ともに

連体形

	過去 은 ウン	→	探した〜 찾은 チャジュン
パッチムがある語幹 +	現在 는 ヌン	→	探す〜 찾는 チャンヌン
	未来 을 ウル	→	探す〜 찾을 チャジュル

●同じ種類のほかの動詞

つかむ 잡다 チャプタ
閉める 닫다 タッタ
生む 낳다 ナタ
触れる 닿다 タタ
受ける 받다 パッタ

STEP 2：おもな用言の活用 ● 探す

● **フレーズのバリエーション**

> 何を**お探し**ですか？
> **무얼 찾으세요?**
>   ムオル　　チャジュセヨ

● 무얼[ムオル]：何を（무엇을[ムオスル]の省略形）

> 辞書の**引き方**が分かりません。
> **사전 찾는 법**을 몰라요.
>   サジョン　チャンヌン　ポブ　　モルラヨ

● 사전[サジョン]：辞書

①お探しですか？

販売員の定型フレーズです。尊敬のていねい形（세요）には、やわらかい命令の意味もありますが、ここでは疑問文で使われています。

　　　（語幹）　　（尊敬）　（「ヨ」タイプ疑問）　　お探しですか？
　　　찾 ＋ 으시다 ＋ 어요？ → **찾으세요?**

②引き方

찾다には「探す」のほかに「（辞書を）引く」「取り戻す、引き出す」という意味もあります。

　　　　　　（語幹）（連体形現在）（法）　　引き方
　　　　　　찾 ＋ 는 ＋ 법 → **찾는 법**

連体形現在と법（法）を使うと、次のような「～方」というバリエーションが作れます。

젓가락 쓰는 법　箸の使い方（젓가락[チョッカラク]：箸）
　チョッカラク　スヌン　ポブ

버스 타는 법　バスの乗り方（버스[ポス]：バス）
　ポス　タヌン　ポブ

第3章 活用のしくみ

101

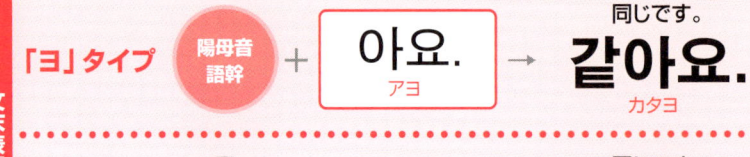

●語幹が陽母音「ㅏ」で、パッチムがある形容詞

同じ = 같다 (カッタ)

文末表現

「ヨ」タイプ	陽母音語幹 + 아요. (アヨ) → 같아요. (カタヨ) 同じです。
「ダ」タイプ	パッチムがある語幹 + 습니다. (スムニダ) → 같습니다. (カッスムニダ) 同じです。

● 活用のバリエーション

尊敬語
パッチムがある語幹 + 으시다 (ウシダ) → 같으시다 (カトゥシダ) 同じでらっしゃる
「ヨ」タイプ +어요 → 같으세요 （＝同じでらっしゃいます）
語幹が陰母音なので

過去形
陽母音語幹 + 았다 (アッタ) → 같았다 (カタッタ) 同じだった
「ヨ」タイプ +어요 → 같았어요 （＝同じでした）
陽/陰ともに

連体形

過去 던 (トン) → 같던 (カットン) 同じだった〜

パッチムがある語幹 + 現在 은 (ウン) → 같은 (カトゥン) 同じ〜

未来 을 (ウル) → 같을 (カトゥル) 同じ〜

●同じ種類のほかの形容詞

多い 많다 (マンタ)
小さい 작다 (チャクタ)
低い 낮다 (ナッタ)
清い 맑다 (マクタ)
明るい 밝다 (パクタ)

※韓国語では形容詞も敬語にして使います（p.121①参照）。

STEP 2：おもな用言の活用 ● 同じ

● **フレーズのバリエーション**

歳は私と同じです。
나이는 저와 같아요.
ナイヌン　チョワ　カタヨ

● 나이 [ナイ]：年齢

天使のような人でした。
천사 같은 사람이었어요.
チョンサ　カトゥン　サラミオッソヨ

● 천사 [チョンサ]：天使　● 사람 [サラム]：人

第3章 活用のしくみ

①私と同じです

「～と同じ」の助詞「と」は、それがつく名詞のパッチムの有無で形が変わります。パッチムがない名詞の場合は「와」になります。

（パッチムがない名詞）（助詞）（語幹）（「ヨ」タイプ）　私と同じです
저　+ 와 + 같 + 아요 → 저와 같아요

パッチムがある名詞の場合は、次のように「과」になります。

以前と同じだ
예전과 같다
イェジョングァ　カッタ

②天使のような人

「～と」の「～과/와」が省略されて「～のようだ」の意味でも使われます。

（天使）　（語幹）（連体形現在）（人）　天使のような人
천사 + 같 + 은 + 사람 → 천사 같은 사람

103

● 語幹が陰母音「ㅣ」で、パッチムがある動詞　CD 55

着る= 입다
　　　イプタ

文末表現

「ヨ」タイプ: 陰母音語幹 + 어요. (オヨ) → 着ます。 입어요. (イボヨ)

「ダ」タイプ: パッチムがある語幹 + 습니다. (スムニダ) → 着ます。 입습니다. (イプスムニダ)

● 活用のバリエーション

尊敬語
パッチムがある語幹 + 으시다 (ウシダ) → お召しになる 입으시다 (イブシダ)
「ヨ」タイプ +어요 → 입으세요　語幹が陰母音なので
(＝お召しになります)

過去形
陰母音語幹 + 었다 (オッタ) → 着た 입었다 (イボッタ)
「ヨ」タイプ +어요 → 입었어요　陽/陰ともに
(＝着ました)

連体形
過去 은 (ウン) → 着た〜 입은 (イブン)

パッチムがある語幹 + 現在 는 (ヌン) → 着る〜 입는 (イムヌン)　ㅂ+ㄴ 鼻音化

未来 을 (ウル) → 着る〜 입을 (イブル)

● 同じ種類のほかの動詞
（ㅣ以外の陰母音を含む）

食べる 먹다 モクタ
洗う 씻다 シッタ
履く 신다 シンタ
遅れる 늦다 ヌッタ
撮る 찍다 チクタ

STEP 2：おもな用言の活用 ● 着る

● **フレーズのバリエーション**

あのマネキンが**着ている服**を
저 마네킹이 입은 옷을
チョ　　マネキンイ　　イブン　　オスル

見せてください。
보여주세요.
ポヨジュセヨ

はい、どうぞ。
예, 여기 있어요.
イェ　ヨギ　　イッソヨ

この服はこのように**着てください**。
이 옷은 이렇게 입으세요.
イ　オスン　イロケ　　イブセヨ

● 저 [チョ]：あの ● 마네킹 [マネキン]：マネキン人形
● 옷 [オッ]：服 ● 이렇게 [イロケ]：このように

①着ている服

　日本語では「着ている」と現在の状態を表す表現でも、韓国語では**입다**（着る）の連体形過去を使います。日本語と韓国語の間では、このような時制のずれが時々起こります。

（語幹）（連体形過去）（服）　　着た（着ている）服
입 + 은 + 옷 → 입은 옷

②着てください

　입다（着る）の尊敬ていねい語で、やわらかい命令の意味で使われます。直訳すると「着なさい」ですが、日本語ではやわらかく依頼のニュアンスも含めた表現に意訳しています。

（語幹）　（尊敬）　（「ヨ」タイプ）　着なさい（着てください）
입 + 으시다 + 어요 → 입으세요

第3章　活用のしくみ

●語幹が陰母音「ㅓ」で、パッチムがある形容詞　CD 56

少ない＝적다
チョㇰタ

文末表現

「ヨ」タイプ　陰母音語幹 ＋ 어요. (オヨ) → 적어요. (チョゴヨ)　少ないです。

「ダ」タイプ　パッチムがある語幹 ＋ 습니다. (スムニダ) → 적습니다. (チョㇰスムニダ)　少ないです。

● 活用のバリエーション

尊敬語

パッチムがある語幹 ＋ 으시다 (ウシダ) → 적으시다 (チョグシダ)　少なくてらっしゃる
「ヨ」タイプ　＋어요 →적으세요　語幹が陰母音なので
（＝少なくてらっしゃいます）

過去形

陰母音語幹 ＋ 었다 (オッタ) → 적었다 (チョゴッタ)　少なかった
「ヨ」タイプ　＋어요 →적었어요　陽/陰ともに
（＝少なかったです）

連体形

過去　던 (トン) → 적던 (チョㇰトン)　少なかった〜

パッチムがある語幹 ＋ 現在　은 (ウン) → 적은 (チョグン)　少ない〜

未来　을 (ウル) → 적을 (チョグル)　少ない〜

●同じ種類のほかの形容詞（ㅓ以外の陰母音を含む）

遅い　늦다　ヌッタ
太い　굵다　クㇰタ
深い　깊다　キㇷ゚タ
広い　넓다　ノㇽタ
若い　젊다　チョムタ

STEP 2：おもな用言の活用 ● 少ない

● **フレーズのバリエーション**

受講申請人数が
수강 신청 인원이
スガン　シンチョン　イノニ

少ないです。
적습니다.
チョクスムニダ

あまりに少ない場合、
너무 적을 경우에는
ノム　チョグル　キョンウエヌン

日程を変更します。
일정을 변경합니다.
イルチョンウル　ピョンギョンハムニダ

- 수강 [スガン]：受講 ● 신청 [シンチョン]：申請 ● 인원 [イノン]：人数
- 너무 [ノム]：あまりに ● 일정 [イルチョン]：日程 ● 변경 [ピョンギョン]：変更

①少ないです

「お知らせ」など、フォーマルな表現には「ダ」タイプのていねい形を使います。

　　　　（語幹）　（「ダ」タイプ）　少ないです
　　　　적 ＋ **습니다** → **적습니다**

②少ない場合

連体形と경우(境遇)を組み合わせると、「～の場合」という表現を作ることができます。連体形は時制に合わせて使い分けます。

　　　（語幹）（連体形未来）（場合）　少ない場合
　　　적 ＋ **을** ＋ **경우** → **적을 경우**

STEP 3 変則活用

基本的に用言は規則的な活用をしますが、その規則からはずれた活用をする動詞・形容詞もいくつかあります。ここではそのような変則活用を説明していきます。

おもな変則

語幹の　おもな変則活用は次のとおりです。それぞれのルールを見てみましょう。

子音を見る	**ㄹ 変則**	語幹のパッチムが「ㄹ」の場合、「ㄹ」が脱落します。
母音を見る	**으 変則**	語幹の母音が「ㅡ」の場合、「ㅡ」が脱落します。
子音を見る + 活用語尾の最初の母音を見る	**ㅂ 変則**	語幹のパッチム「ㅂ」を取って、「우」をつけます。
	ㄷ 変則	語幹のパッチム「ㄷ」を「ㄹ」に換えます。
	ㅅ 変則	語幹のパッチムが「ㅅ」の場合、「ㅅ」が脱落します。
母音を見る	**르 変則**	語幹の「르」に「아/어」が続くと、「ㄹ라/ㄹ러」になります。
子音を見る + 最初の母音を見る	**ㅎ 変則**	語幹のパッチム「ㅎ」に「아/어」が続くと「ㅐ」になります。また、パッチム「ㅎ」に「으」が続くと、両方が脱落します。

STEP 3：変則活用 ● おもな変則〜ㄹ変則

ㄹ変則

変則ルール

語幹のパッチムが「ㄹ」の場合、「ㄹ」が脱落

語幹のパッチムの有無で活用する場合（「ダ」タイプていねい形、尊敬語、連体形）にㄹ変則になります。
※母音を見て活用する場合は変則活用しません。

第3章 活用のしくみ

＊놀다（遊ぶ）の場合
ノルダ

語幹 놀 ノル → **変則語幹** 노 ノ

「ヨ」タイプ … 놀 ＋ 아요 → 놀아요 （遊びます）
　　　　　　　　　　　変則しない　　　　　　ノラヨ

「ダ」タイプ … 노 ＋ ㅂ니다 → 놉니다 （遊びます）
　　　　　　　　変則語幹　　　　　　　　　　ノムニダ

尊敬語　… 노 ＋ 시다 → 노시다 （お遊びになる）
　　　　　　変則語幹　　　　　　　　　ノシダ

● ㄹ変則のおもな動詞・形容詞

| 分かる 알다 アルダ | 作る 만들다 マンドゥルダ | 甘い 달다 タルダ |
| 生きる 살다 サルダ | 回る 돌다 トルダ | 長い 길다 キルダ |

으変則

変則ルール

語幹の母音が「ㅡ」の場合、「ㅡ」が脱落

語幹の母音を見て活用する場合(「ヨ」タイプていねい形、過去形)に으変則になります。

※パッチムの有無で活用する場合は変則活用しません。

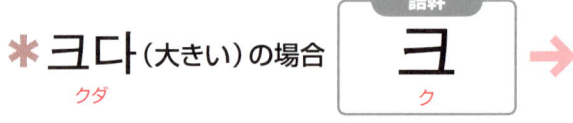

✻ 바쁘다 (忙しい) の場合
パップダ

語幹 바쁘 パップ → **変則語幹** 바ㅃ

「ヨ」タイプ … 바ㅃ (変則語幹) + 아요 → 바빠요 (忙しいです)
パッパヨ

1つ前の文字の母音を見る

「ダ」タイプ … 바쁘 + ㅂ니다 → 바쁩니다 (忙しいです)
パップムニダ

変則しない

✻ 크다 (大きい) の場合
クダ

語幹 크 ク → **変則語幹** ㅋ

「ヨ」タイプ … ㅋ (変則語幹) + 어요 → 커요 (大きいです)
コヨ

1つ前の文字がない場合は陰母音とみなす

● 으変則のおもな動詞・形容詞

| 消す | 끄다 (クダ) | 従う | 따르다 (タルダ) | 悲しい | 슬프다 (スルプダ) |
| かわいい | 예쁘다 (イェップダ) | 痛い | 아프다 (アプダ) | 集める | 모으다 (モウダ) |

STEP 3：変則活用 ● 으変則〜ㅂ変則

ㅂ変則

変則ルール

語幹のパッチム「ㅂ」を取って、「우」をつける

語幹のパッチム ㅂ のあとに、母音で始まる活用語尾がつく場合に ㅂ 変則になります。

※「ダ」タイプていねい形は変則活用しません。

＊**가볍다**（軽い）の場合
カビョプタ

語幹 가볍 カビョプ → **変則語幹** 가벼우 カビョウ

「ヨ」タイプ … **가벼우**（変則語幹） + 어요 → 가벼워요 カビョウォヨ　軽いです
↑活用語尾が母音で始まる

「ダ」タイプ … 가볍 + 습니다 → 가볍습니다 カビョプスムニダ　軽いです
↑活用語尾が子音で始まる（変則しない）

尊敬語 … **가벼우**（変則語幹） + 으시다
↑活用語尾が母音で始まる

→ 가벼우시다 カビョウシダ　お軽い

本来、パッチムがある語幹（가볍）なので **으시다**（母音始まり）がつきますが、変則語幹はパッチムが消えるので（가벼우）、活用語尾は **시다** になります。

※ ㅂ 変則するものはほとんどが形容詞です。
※ 입다［イプタ］（着る）、좁다［チョプタ］（狭い）など、語幹のパッチムが ㅂ でも変則活用しない動詞・形容詞もあります。

● ㅂ 変則のおもな動詞・形容詞

| 辛い | 맵다 メプタ | 寒い | 춥다 チュプタ | 簡単だ | 쉽다 スィプタ |
| 焼く | 굽다 クプタ | 暑い | 덥다 トプタ | 難しい | 어렵다 オリョプタ |

第3章　活用のしくみ

111

ㄷ変則

> **変則ルール**
>
> **語幹のパッチム「ㄷ」を「ㄹ」に換える**
>
> 語幹のパッチム ㄷ のあとに、母音で始まる活用語尾がつく場合に ㄷ変則になります。
>
> ※「ダ」タイプていねい形は変則活用しません。

✳ 묻다（尋ねる）の場合
ムッタ

語幹 묻 ムッ → **変則語幹** 물 ムル

「ヨ」タイプ … 물 ＋ 어요 → 물어요（尋ねます）
（変則語幹）　↑活用語尾が母音で始まる　ムロヨ

「ダ」タイプ … 묻 ＋ 습니다 → 묻습니다（尋ねます）
（変則しない）　↑活用語尾が子音で始まる　ムッスムニダ

尊敬語 … 물 ＋ 으시다 → 물으시다（お尋ねになる）
（変則語幹）　↑活用語尾が母音で始まる　ムルシダ

※ ㄹ変則とは違い、ㄷ変則語幹のパッチム ㄹ は脱落しません。

※ 形容詞は ㄷ変則活用しません。また、**받다**［パッタ］（受ける）、**닫다**［タッタ］（閉める）など、語幹のパッチムが ㄷ でも変則活用しない動詞もあります。

● **ㄷ変則のおもな動詞**

| 聞く 듣다 トゥッタ | 積む 싣다 シッタ | 悟る 깨닫다 ケダッタ |

STEP 3：変則活用 ● ㄷ変則〜ㅅ変則

ㅅ変則

変則ルール

語幹のパッチムが「ㅅ」の場合、「ㅅ」が脱落

語幹のパッチムㅅのあとに、母音で始まる活用語尾がつく場合にㅅ変則になります。
※「ダ」タイプていねい形は変則活用しません。

第3章 活用のしくみ

* 낫다（治る）の場合　ナッタ

語幹　낫　ナッ　→　変則語幹　나　ナ

「ヨ」タイプ　… 나 + 아요 → 나아요（治ります）ナアヨ
変則語幹　↑活用語尾が母音で始まる

「ダ」タイプ　… 낫 + 습니다 → 낫습니다（治ります）ナッスムニダ
変則しない　↑活用語尾が子音で始まる

尊敬語　… 나 + 으시다 → 나으시다（治られる）ナウシダ
変則語幹　↑活用語尾が母音で始まる

※ ㅅ変則はパッチムがある状態で活用し、あとでㅅを取る、と覚えましょう。また、ㅅ変則では母音が連続しますが、母音は合体させません。

※ 웃다 [ウッタ]（笑う）、벗다 [ポッタ]（脱ぐ）など、語幹のパッチムがㅅでも変則活用しない動詞もあります。

● **ㅅ変則のおもな動詞**　（家やご飯を）作る 짓다 チッタ　継ぐ 잇다 イッタ　引く 긋다 クッタ

113

르変則

変則ルール
語幹の「르」に「아/어」が続くと、「ㄹ라/ㄹ러」になる
語幹の母音を見て活用する場合に르変則になります。
※パッチムの有無で活用する場合は変則活用しません。

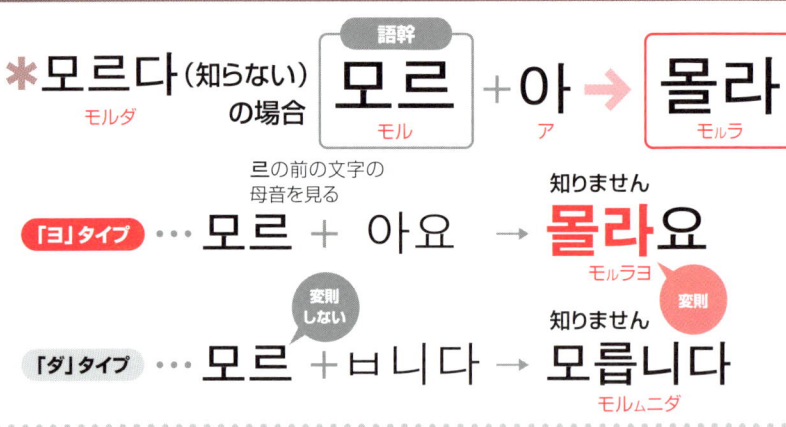

✱ 모르다（知らない）の場合
モルダ

語幹 **모르**（モル）＋ **아**（ア） → **몰라**（モルラ）

르の前の文字の母音を見る

「ヨ」タイプ … 모르 ＋ 아요 → **몰라**요（モルラヨ）〈変則〉

「ダ」タイプ … 모르 ＋ ㅂ니다 → 모릅니다（モルムニダ）〈変則しない〉
知りません

✱ 기르다（育てる）の場合
キルダ

語幹 **기르**（キル）＋ **어**（オ） → **길러**（キルロ）

르の前の文字の母音を見る

「ヨ」タイプ … 기르 ＋ 어요 → **길러**요（キルロヨ）〈変則〉
育てます

「ダ」タイプ … 기르 ＋ ㅂ니다 → 기릅니다（キルムニダ）〈変則しない〉
育てます

● 르変則のおもな動詞・形容詞

| 選ぶ | 고르다（コルダ） | 歌う | 부르다（ブルダ） | 上がる | 오르다（オルダ） |
| 急ぐ | 서두르다（ソドゥルダ） | 切る | 자르다（チャルダ） | 速い | 빠르다（パルダ） |

STEP 3：変則活用　● ㄹ変則〜ㅎ変則

ㅎ変則

変則ルール
語幹のパッチム「ㅎ」に
① 「아/어」が続くと、「ㅐ」になる
② 「으」が続くと、両方が脱落
※「ダ」タイプていねい形は変則活用しません。

第 3 章　活用のしくみ

＊ 까맣다 (黒い) カマダ　の場合　**語幹** 까맣 カマ ＋ 아 ア → 까매 カメ

「ヨ」タイプ … 까맣 ＋ 아요 → 까매요 カメヨ （黒いです）〈変則〉

尊敬語 … 까맣 ＋ 으시다 → 까마시다 カマシダ （お黒い）〈変則〉

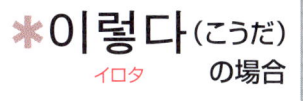

＊ 이렇다 (こうだ) イロタ　の場合　**語幹** 이렇 イロ ＋ 어 オ → 이래 イレ

「ヨ」タイプ … 이렇 ＋ 어요 → 이래요 イレヨ （こうです）〈変則〉

尊敬語 … 이렇 ＋ 으시다 → 이러시다 イロシダ （こうでいらっしゃる）〈変則〉

● ㅎ変則のおもな形容詞

ああだ	そうだ	どのようだ
저렇다	그렇다	어떻다
チョロタ	クロタ	オットタ

STEP 4 おもな用言の変則活用

● ㄹ変則の動詞

CD 57

作る = 만들다
マンドゥルダ

文末表現

「ヨ」タイプ: 陰母音語幹 + 어요. (オヨ) → 作ります。 만들어요. (マンドゥロヨ)

「ダ」タイプ: 変則語幹 만드 + ㅂ니다. (ムニダ) → 作ります。 만듭니다. (マンドゥムニダ)

● 活用のバリエーション

尊敬語
変則語幹 만드 + 시다 (シダ) → 作られる 만드시다 (マンドゥシダ)
「ヨ」タイプ +어요 → 만드세요 (=作られます) 語幹が陰母音なので

過去形
陰母音語幹 + 었다 (オッタ) → 作った 만들었다 (マンドゥロッタ)
「ヨ」タイプ +어요 → 만들었어요 (=作りました) 陽/陰ともに

連体形
変則語幹 만드 +
- 過去 ㄴ (ン) → 作った〜 만든 (マンドゥン)
- 現在 는 (ヌン) → 作る〜 만드는 (マンドゥヌン)
- 未来 ㄹ (ル) → 作る〜 만들 (マンドゥル)

※同じ種類のほかの動詞は、p.109を参照してください。

STEP 4：おもな用言の変則活用 ● 作る

● **フレーズのバリエーション**

海苔巻き、とてもお上手です。
김밥 잘 만드셨어요.
キムパプ　チャル　マンドゥショッソヨ

作り方を
만드는 법을
マンドゥヌン　ポブル

教えてください。
가르쳐 주세요.
カルチョ　チュセヨ

- **김밥**[キムパプ]：海苔巻き（김は「海苔」、밥は「ご飯」の意味）
- **잘**[チャル]：とても ● **가르치다**[カルチダ]：教える

第3章 活用のしくみ

①とてもお上手です

잘は「良く、上手に、巧みに」という意味の副詞で、잘 만드셨어요は直訳すると「上手にお作りになりました」です。만들다（作る）は尊敬の시다がつくと変則します。

　　　　　　　　　　　　　　　　　　　　上手にお作りになりました
（上手に）（語幹）　（尊敬）　（過去）（「ヨ」タイプ）（とてもお上手です）
잘＋만들＋시다＋었다＋어요 → 잘 만드셨어요

②作り方

連体形現在と법（法）を組み合わせて「〜し方」という表現です。만들다（作る）は連体形現在の는がつくと変則します。

（語幹）（連体形現在）（法）　作り方
만들 ＋ 는 ＋ 법 → 만드는 법

● ㅡ変則の形容詞

かわいい = 예쁘다
イェップダ

文末表現

「ヨ」タイプ: 変則語幹 예뻐 + 어요. (オヨ) → 예뻐요. (イェッポヨ) 「かわいいです。」

「ダ」タイプ: パッチムがない語幹 + ㅂ니다. (ムニダ) → 예쁩니다. (イェップムニダ) 「かわいいです。」

● 活用のバリエーション

尊敬語
パッチムがない語幹 + 시다 (シダ) → 예쁘시다 (イェップシダ) 「かわいくてらっしゃる」
「ヨ」タイプ +어요 → 예쁘세요 (=かわいくてらっしゃいます) ※語幹が陰母音なので

過去形
変則語幹 예뻐 + 었다 (オッタ) → 예뻤다 (イェッポッタ) 「かわいかった」
「ヨ」タイプ +어요 → 예뻤어요 (=かわいかったです) ※陽/陰ともに

連体形
過去: 던 (トン) → 예쁘던 (イェップドン) 「かわいかった〜」

パッチムがない語幹 + 現在: ㄴ (ン) → 예쁜 (イェップン) 「かわいい〜」

未来: ㄹ (ル) → 예쁠 (イェップル) 「かわいい〜」

※同じ種類のほかの形容詞は、p.110を参照してください。

STEP 4：おもな用言の変則活用 ● かわいい

● **フレーズのバリエーション**

昔は本当に**かわいかったのよ**。
옛날에는 정말 예뻤어.
イェンナレヌン　チョンマル　イェッポッソ

君にも**かわいいとき**があったんだね。
너도 예쁠 때가 있었네.
ノド　イェップル　テガ　イッソンネ

● 옛날[イェンナル]：昔　● 정말[チョンマル]：本当に
● 있었네[イッソンネ]：あったんだね…있었다（あった）に詠嘆の네（〜だね）が
　ついた形です。

①かわいかったのよ

ていねい形어요の요を取ると、親しい間柄で使う「ぞんざいな言い方」になります。ここで使っているのは、過去のていねい形예뻤어요「かわいかったです」の요をとった形です。韓国語には「男言葉」「女言葉」がありませんので、その状況から意訳しています。

（語幹）　（過去）（ぞんざい形）　かわいかった（のよ）
예쁘 ＋ 었다 ＋ 어 → **예뻤어**

②かわいいとき

連体形未来と때（とき）を組み合わせると「〜のとき」という言い方ができます。

（語幹）（連体形未来）（とき）　かわいいとき
예쁘 ＋ ㄹ ＋ 때 → **예쁠 때**

때は、「〜したとき」と過去を表す場合でも連体形未来「ㄹ/을」を使います。

예뻤을 때　かわいかったとき　　**갔을 때**　行ったとき
イェッポッスル　テ　　　　　　　　カッスル　テ

第3章　活用のしくみ

119

● ㅂ 変則の形容詞　CD 59

難しい = **어렵다**
オリョプタ

文末表現

「ヨ」タイプ　変則語幹 어려우 + 어요. (オヨ) → 難しいです。**어려워요.** オリョウォヨ

「ダ」タイプ　パッチムがある語幹 + 습니다. (スムニダ) → 難しいです。**어렵습니다.** オリョプスムニダ

● 活用のバリエーション

尊敬語

変則語幹 어려우 + 시다 (シダ) → 難しくてらっしゃる **어려우시다** オリョウシダ　「ヨ」タイプ +어요 → **어려우세요** (＝難しくてらっしゃいます)　語幹が陰母音なので

過去形

変則語幹 어려우 + 었다 (オッタ) → 難しかった **어려웠다** オリョウォッタ　「ヨ」タイプ +어요 → **어려웠어요** (＝難しかったです)　陽/陰ともに

連体形

パッチムがある語幹 + 過去 던 (トン) → 難しかった〜 **어렵던** オリョプトン

変則語幹 어려우 + 現在 ㄴ (ン) → 難しい〜 **어려운** オリョウン

変則語幹 어려우 + 未来 ㄹ (ル) → 難しい〜 **어려울** オリョウル

※同じ種類のほかの形容詞は、p.111を参照してください。

STEP 4：おもな用言の変則活用 ● 難しい

● **フレーズのバリエーション**

韓国語は**難しい**ですか？
한국어는 어려우세요?
ハングゴヌン　　　　オリョウセヨ

いいえ、思ったより
아뇨, 생각보다
アニョ　　センガッポダ

難しくありません。
안 어려워요.
アノリョウォヨ

- 한국어 [ハングゴ]：韓国語　● 생각 [センガッ]：考え
- 보다 [ポダ]：〜より（比較の助詞）

①難しいですか？

韓国語では相手が目上の場合、形容詞も尊敬語にします。日本語では形容詞を尊敬語にして使うことはめったになく、日本語訳に反映させると不自然になるので反映させません。어렵다（難しい）は尊敬の으시다がつくと変則します。

（語幹）　　（尊敬）　　（「ヨ」タイプ疑問）　難しいですか？
어렵 ＋ 으시다 ＋ 어요？ → **어려우세요?**

②難しくありません

形容詞の前に안をつけた否定の形です。어렵다（難しい）は「ヨ」タイプていねいの어요がつくと変則します。

（否定）　（語幹）　（「ヨ」タイプ）　難しくありません
안 ＋ **어렵** ＋ 어요 → **안 어려워요**

● ㄷ 変則の動詞

聞く = 듣다
トゥッタ

文末表現

「ヨ」タイプ: 変則語幹 듣 + 어요. (オヨ) → 들어요. (トゥロヨ) 聞きます。

「ダ」タイプ: パッチムがある語幹 + 습니다. (スムニダ) → 듣습니다. (トゥッスムニダ) 聞きます。

● 活用のバリエーション

尊敬語: 変則語幹 듣 + 으시다 (ウシダ) → 들으시다 (トゥルシダ) 聞かれる
「ヨ」タイプ +어요 → 들으세요 (=聞かれます) ※語幹が陰母音なので

過去形: 変則語幹 듣 + 었다 (オッタ) → 들었다 (トゥロッタ) 聞いた
「ヨ」タイプ +어요 → 들었어요 (=聞きました) ※陽/陰ともに

連体形:
- 変則語幹 듣 + 過去 은 (ウン) → 들은 (トゥルン) 聞いた〜
- パッチムがある語幹 + 現在 는 (ヌン) → 듣는 (トゥンヌン) 聞く〜
- 変則語幹 듣 + 未来 을 (ウル) → 들을 (トゥルル) 聞く〜

※ㄷ変則には形容詞はありません。同じ種類のほかの動詞は、p.112を参照してください。

STEP 4：おもな用言の変則活用 ● 聞く

● **フレーズのバリエーション**

K-popを**聞いた**ことが
K-pop을 들은 적이
ケイ　　パブル　　トゥルン　　チョギ

ありますか?
있어요?
イッソヨ

はい、よく**聞く**ほうです。
예, 잘 들는 편이에요.
イェ　チャル　トゥンヌン　　ピョニエヨ

- K-pop（케이 팝［ケイ パプ］）：K-pop
- 있어요［イッソヨ］：あります…있다（ある）に「ヨ」タイプの어요がついた形です。
- 잘［チャル］：しばしば、よく

①聞いたこと

連体形過去と적（〜こと）を組み合わせて経験を表す言い方ができます。듣다（聞く）は連体形過去の은がつくと変則します。

（語幹）（連体形過去）（こと）　聞いたこと
듣 ＋ 은 ＋ 적 → 들은 적

②聞くほう

連体形現在と편（〜方・側）を組み合わせて、「どちら側か」という言い方ができます。ㄷ変則の動詞は、連体形現在の는がつくときには変則しません。

（語幹）（連体形現在）（ほう）　聞くほう
듣 ＋ 는 ＋ 편 → 듣는 편

第3章 活用のしくみ

● ㅅ 変則の動詞

CD 61

混ぜる ＝ **젓다**
チョッタ

文末表現

「ヨ」タイプ	変則語幹 저	＋ 어요. オヨ	→	混ぜます。 **저어요.** チョオヨ
「ダ」タイプ	パッチムがある語幹	＋ 습니다. スムニダ	→	混ぜます。 **젓습니다.** チョスムニダ

● 活用のバリエーション

尊敬語

変則語幹 저 ＋ 으시다 ウシダ → 混ぜられる **저으시다** チョウシダ

「ヨ」タイプ ＋어요 → 저으세요 （＝混ぜられます）
語幹が陰母音なので

過去形

変則語幹 저 ＋ 었다 オッタ → 混ぜた **저었다** チョオッタ

「ヨ」タイプ ＋어요 → 저었어요 （＝混ぜました）
陽/陰ともに

連体形

変則語幹 저 ＋ 過去 은 ウン → 混ぜた～ **저은** チョウン

パッチムがある語幹 ＋ 現在 는 ヌン → 混ぜる～ **젓는** チョンヌン

変則語幹 저 ＋ 未来 을 ウル → 混ぜる～ **저을** チョウル

※同じ種類のほかの動詞は、p.113を参照してください。

STEP 4：おもな用言の変則活用　● 混ぜる

● フレーズのバリエーション

よく混ぜたあと、
잘 저은 후
チャル　チョウン　フ

鍋に入れます。
냄비에 담습니다.
ネムビエ　　　タムスムニダ

砂糖を入れて、
설탕을 넣고
ソルタンウル　ノッコ

またよく混ぜてください。
또 잘 저으세요.
ト　チャル　チョウセヨ

● 냄비 [ネムビ]：鍋　● 담다 [タムタ]：(器などに) 入れる
● 설탕 [ソルタン]：砂糖　● 넣다 [ノタ]：(外から中に) 入れる　● 또 [ト]：また

①混ぜたあと

　連体形過去と 후（～あと）を組み合わせて「～したあと、～してから」という言い方ができます。젓다（混ぜる）は連体形過去の 은 がつくと変則します。

　　　　　（語幹）（連体形過去）（あと）　　混ぜたあと
　　　　　젓 ＋ 은 ＋ 후 → 저은 후

②混ぜてください

　젓다（混ぜる）の尊敬＋ていねい形が、やわらかい命令の意味で使われています。直訳すると「混ぜなさい」ですが、日本語ではさらにやわらかく、依頼のニュアンスも含めた表現に意訳しています。

　　　　　　　　　　　　　　　　　　　　　お混ぜになります
　　　（語幹）　　（尊敬）　　（「ヨ」タイプ）（混ぜてください）
　　　　젓 ＋ 으시다 ＋ 어요 → 저으세요

● ㄹ変則の形容詞　CD 62

速い= **빠르다**
パルダ

文末表現

「ヨ」タイプ　変則語幹 빨ㄹ ＋ **아요.** アヨ → 速いです。 **빨라요.** パルラヨ

「ダ」タイプ　パッチムがない語幹 ＋ **ㅂ니다.** ムニダ → 速いです。 **빠릅니다.** パルムニダ

● 活用のバリエーション

尊敬語
パッチムがない語幹 ＋ **시다** シダ → お速い **빠르시다** パルシダ

「ヨ」タイプ ＋어요 → **빠르세요**（＝お速いです）
語幹が陰母音なので

過去形
変則語幹 빨ㄹ ＋ **았다** アッタ → 速かった **빨랐다** パルラッタ

「ヨ」タイプ ＋어요 → **빨랐어요**（＝速かったです）
陽／陰ともに

連体形
過去　**던** トン → 速かった〜 **빠르던** パルドン

パッチムがない語幹 ＋ 現在　**ㄴ** ン → 速い〜 **빠른** パルン

未来　**ㄹ** ル → 速い〜 **빠를** パルル

※同じ種類のほかの形容詞は、p.114を参照してください。

STEP 4：おもな用言の変則活用 ● 速い

● **フレーズのバリエーション**

荷物の配送が、本当に**速かった**です。
짐 배달이 참 **빨랐어요**.
チム　　ペダリ　　チャム　　パルラッソヨ

もっと**速い方法**もあります。
더 **빠른 방법**도 있어요.
ト　　パルン　　パンボプ　　イッソヨ

● 짐 [チム]：荷物 ● 배달 [ペダル]：配達 ● 참 [チャム]：本当に ● 더 [ト]：もっと

①速かったです

빠르다（速い）の過去ていねい形です。過去形の았다がつくと変則します。

（語幹）　（過去）　（「ヨ」タイプ）　速かったです
빠르 ＋ 았다 ＋ 어요 → **빨랐어요**

②速い方法

連体形現在と「方法」を組み合わせて「〜な方法」という言い方ができます。르変則は連体形では変則しません。

（語幹）（連体形現在）（方法）　速い方法
빠르 ＋ ㄴ ＋ 방법 → **빠른 방법**

빠르다は速度のことを表す「速い」ですが、時間的な前後関係を表す「早い」の場合は이르다 [イルダ] を使います。

歩みが**速い** ＝ 걸음이 **빠르다**
　　　　　　　　　コルミ　　パルダ

まだあきらめるには**早い** ＝ 아직 포기하기엔 **이르다**
　　　　　　　　　　　　　　アジク　　ポギハギエン　　イルダ

第3章 活用のしくみ

● ㅎ変則の形容詞

そうだ ＝ **그렇다**
クロタ

文末表現

「ヨ」タイプ: 陰母音語幹 ＋ 어요. (オヨ) → そうです。 **그래요.** (クレヨ)　ㅎ＋어→ㅐ

「ダ」タイプ: パッチムがある語幹 ＋ 습니다. (スムニダ) → そうです。 **그렇습니다.** (クロッスムニダ)

● 活用のバリエーション

尊敬語
パッチムがある語幹 ＋ 으시다 (ウシダ) → そうでらっしゃる **그러시다** (クロシダ)　ㅎ＋으 脱落
「ヨ」タイプ ＋어요 → 그러세요　語幹が陰母音なので
（＝そうでらっしゃいます）

過去形
陰母音語幹 ＋ 었다 (オッタ) → そうだった **그랬다** (クレッタ)　ㅎ＋어→ㅐ
「ヨ」タイプ ＋어요 → 그랬어요　陽/陰ともに
（＝そうでした）

連体形
パッチムがある語幹 ＋ 過去 던 (トン) → そうだった〜 **그렇던** (クロットン)　던は子音で始まるので、変則活用しません。

変則語幹 **그러** ＋ 現在 은 (ウン) → そうだ〜 **그런** (クロン)　ㅎ＋으 脱落

変則語幹 **그러** ＋ 未来 을 (ウル) → そうだ〜 **그럴** (クロル)　ㅎ＋으 脱落

※ㅎ変則には動詞はありません。同じ種類のほかの形容詞は、p.115を参照してください。

STEP 4：おもな用言の変則活用 ● そうだ

● **フレーズのバリエーション**

今まで**そんなこと**は
여태까지 그런 일이
ヨテッカジ　　クロン　　ニリ

ありませんでした。
없었어요.
オプソッソヨ

あぁ、そうでしたか？
아, 그러셨어요?
ア　　クロショッソヨ

● 여태까지 [ヨテッカジ]：今まで

①そんなこと

그렇다（そうだ）の連体形現在が 일（こと）を修飾しています。

　　　　（語幹）（連体形現在）（こと）　　そんなこと
　　　　그렇 ＋ 은 ＋ 일 → 그런 일

②そうでしたか？

그렇다（そうだ）の尊敬の過去ていねい形の疑問文です。直訳すると「そうでらっしゃいましたか？」ですが、尊敬語を日本語に反映させると不自然になるため、「そうでしたか？」と意訳しています。

　　　（語幹）　　（尊敬）　　（過去）（「ヨ」タイプ疑問）
　　　그렇 ＋ 으시다 ＋ 었다 ＋ 어요？
　　　　そうでらっしゃいましたか？（そうでしたか？）
　　→ 그러셨어요？

おさらい練習

練習1 次の動詞を指示のとおりに活用させ、最後に文を完成させましょう。

① 「かける」を **過去形→「ダ」タイプていねい形** に

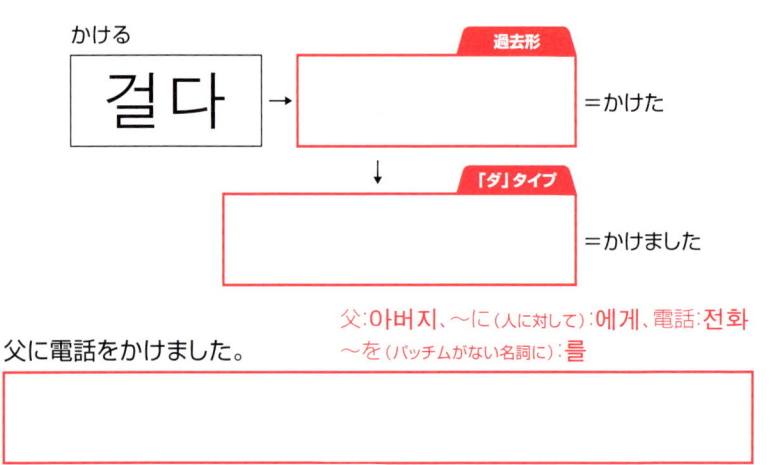

かける
걸다 → [　　過去形　　] =かけた
　　　↓
　　　[　　「ダ」タイプ　　] =かけました

父に電話をかけました。　　父:아버지、〜に(人に対して):에게、電話:전화
〜を(パッチムがない名詞に):를

[　　　　　　　　　　　　　]

② 「読む」を **尊敬語→過去形→「ヨ」タイプていねい形** に

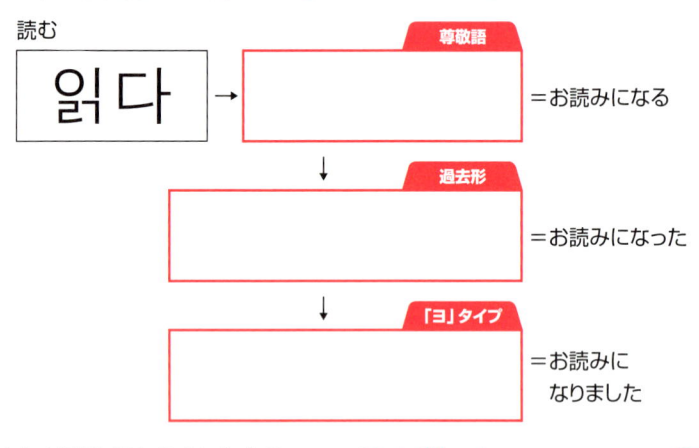

読む
읽다 → [　　尊敬語　　] =お読みになる
　　　↓
　　　[　　過去形　　] =お読みになった
　　　↓
　　　[　　「ヨ」タイプ　　] =お読みになりました

この本をお読みになりましたか？　　この:이、本:책、〜を(パッチムがある名詞に):을

[　　　　　　　　　　　　　]

③「売る」を**連体形＋「ところ」**に

売る → [팔다] (ㄹ変則) → [　　　] (連体形現在) ＋ [곳] ところ ＝売り場

切符売り場はどこですか？　　　　　切符:표、どこ:어디

[　　　　　　　　　　　　　　　]

練習2 次の文で使われている動詞・形容詞の基本形を書きましょう。

① 桜が咲きました。（桜:벚꽃）

벚꽃이 피었습니다. → 咲く [　　]
語幹＋過去形＋「ダ」タイプ

② 痛くはありません。かゆいです。

아프지는 않아요. 가려워요.
語幹＋否定形＋助詞＋「ヨ」タイプ　　語幹（ㅂ変則）＋「ヨ」タイプ

→ 痛い [　　]　　かゆい [　　]

③ 間違えたものはありませんか？（ない:없다）

틀린 것이 없어요? → 間違える [　　]
語幹＋連体形過去＋「もの」＋助詞

答え：練習1 ① 팔았습니다／팔았습니다／아버지에게 선물을 팔았습니다.
② 읽으시다／읽으셨습니다／읽으셨어요／이 책을 읽으셨어요?
③ 팔다／표 파는 곳은 어디예요?
練習2 ① 피다 ② 아프다/가렵다 ③ 틀리다

131

● コラム

過去のことを否定する場合

　日本語と文法が似ているとはいえ、韓国語は外国語ですので、訳したときに日本語をそのまま当てはめられないことがあります。例えば、次の日本語の会話を見てください。

　　ご飯を食べましたか？
　　　→ **はい、食べました。／いいえ、食べていません。**

　日本語の場合は通常、「はい」と答えるときは過去形で、「いいえ」と答えるときは現在の状態を答える形で話しますが、韓国語では、いずれの場合も過去形で答えます。

　　ご飯を食べましたか？
　　밥을 먹었습니까？
　　パブル　　モゴッスムニッカ

　　　　はい、食べました。
　　→ 예, 먹었습니다.
　　　　イェ　　モゴッスムニダ

　　　　いいえ、食べませんでした。
　　→ 아뇨, **안 먹었습니다**.
　　　　アニョ　アン　モゴッスムニダ

　このように、韓国語では「いいえ」の場合、過去の否定形になるので、直訳すると「食べませんでした」ですが、自然な日本語を当てはめるためには「食べていません」と現在形で表すことになり、微妙な違いが生じるのです。

　韓国語の学習を始めてすぐは、日本語と似ている部分に親近感を覚えますが、学習を進めるうちに日本語との「違い」に注目することになり、逆に日本語に対しての興味も深まります。これも外国語学習の醍醐味といえるでしょう。

第4章

応用表現のしくみ

- 連用形や連体形などを応用すれば、表現の幅がぐっと広がります。用言の語幹の母音やパッチム、変則活用するもの、しないものなどを確認しながら、応用表現のしくみをしっかり身につけてください。

STEP 1 連用形の応用

連用形を使った表現を覚えていきましょう。連用形の場合、語幹の母音が陽母音か陰母音かを見て用言を活用させます。

状態

〜ている　『ヨ』タイプ　「〜ています」は있다を있어요［イッソヨ］にします。

連用形を使った状態を表す表現です。

陽母音なら ☞ 陽母音語幹 ＋ **아 있다**（ア　イッタ）

陰母音なら ☞ 陰母音語幹 ＋ **어 있다**（オ　イッタ）

● 活用のバリエーション

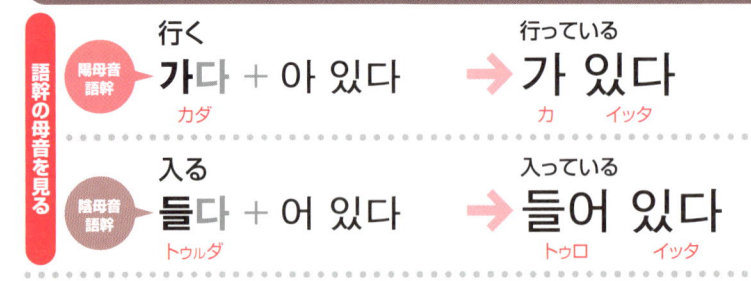

語幹の母音を見る

陽母音語幹：
行く　**가다**（カダ）＋ 아 있다 → 行っている　**가 있다**（カ　イッタ）

陰母音語幹：
入る　**들다**（トゥルダ）＋ 어 있다 → 入っている　**들어 있다**（トゥロ　イッタ）

日本語では、状態を表す場合も、動作の過程を表す場合も、同様に「〜ている」と表現しますが、韓国語では「状態」と「動作の過程」（p.160「現在進行形」参照）は別の表現になります。

나와 있다（出ている）←釘などが出ている状態
（ナワ　イッタ）

나오고 있다（出ている）←今まさに移動中
（ナオゴ　イッタ）

日本語で「〜ている」と現在形で表すものでも、韓国語では過去形を使うものがあります。

한복을 입은 사람（チマチョゴリを着ている人）← 韓国語は「着た人」
（ハンボグル　イブン　サラム）

STEP 1：連用形の応用 ● 〜ている（状態）

● **フレーズのバリエーション**

お店、**開いて**いますか？
가게 문이 열려 있어요?
カゲ　　ムニ　　ヨルリョ　　イッソヨ

今、**開けて**いるところです。
지금 열고 있어요.
チグム　　ヨルゴ　　イッソヨ

- 가게 문[カゲ ムン]：店のドア…「ドアが開く」で「開店」を意味します。
- 지금[チグム]：今

①開いていますか？

열리다（開く）を、状態を表す「〜ている」の形にして、「ヨ」タイプていねい形にしています。

　　　（開く）　　　（状態）　　（「ヨ」タイプ疑問）　開いていますか？
　　　열리다 ＋ 어 **있**다 ＋ 어요？ → **열려 있어요?**

②開けているところです

열다（開ける）を、動作を表す「〜ている」の形にしています。直訳すると「今、開けています」になるので、状態と動作の違いを表すために「開けているところです」としました。

　　　（開ける）　　（動作）　　（「ヨ」タイプ）　開けています
　　　　　　　　　　　　　　　　　　　　　　（開けているところです）
　　　열다 ＋ 고 **있**다 ＋ 어요 → **열고 있어요**

第4章 応用表現のしくみ

行為を受ける
〜てくれる

※ 아/어 주다には「(私が)〜てあげる」という意味もありますが、ここでは「(他人が)〜てくれる」の場合を取り上げています。

尊敬表現にすれば、やわらかい命令＝依頼の意味で使えます。

陽母音なら 👉 陽母音語幹 ＋ **아 주다** (ア チュダ)

陰母音なら 👉 陰母音語幹 ＋ **어 주다** (オ チュダ)

● 活用のバリエーション

語幹の母音を見る

| 陽母音語幹 | 閉める
닫다
タッタ | ＋ 아 주다 | → | 閉めてくれる
닫아 주다
タダ チュダ |

| 陰母音語幹 | 見せる
보이다
ポイダ | ＋ 어 주다 | → | 見せてくれる
보여 주다
ポヨ チュダ |

変則活用

| 으変則 | 消す
끄다
クダ | ＋ 어 주다 | → | 消してくれる
꺼 주다
コ チュダ |

| ㅂ変則 | 手伝う
돕다
トプタ | ＋ 아 주다 | → | 手伝ってくれる
도와 주다
トワ チュダ |

| ㄷ変則 | 聞く
듣다
トゥッタ | ＋ 어 주다 | → | 聞いてくれる
들어 주다
トゥロ チュダ |

| ㅅ変則 | 混ぜる
젓다
チョッタ | ＋ 어 주다 | → | 混ぜてくれる
저어 주다
チョオ チュダ |

※돕다(手伝う)は例外的に우ではなく오がつくので、変則語幹は도오になります。

STEP 1：連用形の応用 ● 〜てくれる（行為を受ける）

● **フレーズのバリエーション**

千ウォン札に**換えてください**。
천원짜리로 바꿔 주세요.
チョノンッチャリロ　　パックォ　　チュセヨ

はい、分かりました。
예, 알겠습니다.
イェ　　アルゲッスムニダ

少々**お待ちください**。
잠시만 기다려 주세요.
チャムシマン　　キダリョ　　チュセヨ

- 짜리 [チャリ]：札（紙幣）…「〜に値するもの」という意味で、**백원짜리 볼펜**「百ウォンの（＝百ウォンに値する）ボールペン」のようにも使われます。
- 알다 [アルダ]：分かる…ここでは意志の**겠다**、「ダ」タイプていねいの**습니다**がついて**알겠습니다**になっています。
- 잠시만 [チャムシマン]：少し…ほかに**잠깐만** [チャムッカンマン] もよく使われます。

①換えてください

바꾸다（換える）を「〜てくれる」の形にし、さらに尊敬表現にしています。ここでは尊敬の(으)세요は「〜てください」というやわらかい命令の意味で使っていますが、「〜てくださいます」という意味もあります。

（換える）　（〜てくれる）　（尊敬）　　換えてください
바꾸다 ＋ 어 주다 ＋ 세요 → **바꿔 주세요**

②お待ちください

기다리다（待つ）を「〜てください」の形にしています。

　　　　　　　　　　　　　　　　　待ってください
（待つ）　　（〜てください）　　　（お待ちください）
기다리다 ＋ 어 주세요 → **기다려 주세요**

第4章 応用表現のしくみ

137

複合動詞

～てみる／～てくる

「ヨ」タイプ
「～てみます」は보다を봐요 [パヨ] に、
「～てきます」は오다を와요 [ワヨ] にします。

動詞に「みる」「くる」を組み合わせた表現です。

	～てみる	～てくる
陽母音なら → 陽母音語幹 +	**아 보다** ア ポダ	**／ 오다** オダ
陰母音なら → 陰母音語幹 +	**어 보다** オ ポダ	**／ 오다** オダ

● 活用のバリエーション

語幹の母音を見る

陽母音語幹

訪ねる
찾다 + 아 오다 → 訪ねてくる **찾아 오다**
チャッタ　　　　　　　　　　チャジャ　オダ

陽母音語幹
訪ねてくる
尊敬語 **찾아 오다** + 세요 → 訪ねていらっしゃい **찾아 오세요**
　　　　　　　　　　　　　　　　チャジャ　オセヨ

陰母音語幹

飲む
마시다 + 어 보다 → 飲んでみる **마셔 보다**
マシダ　　　　　　　　　　　マショ　ポダ

陽母音語幹
飲んでみる
尊敬語 **마셔 보다** + 세요 → 飲んでごらんなさい **마셔 보세요**
　　　　　　　　　　　　　　　　マショ　ポセヨ

変則活用

으変則
使う
쓰다 + 어 보다 → 使ってみる **써 보다**
スダ　　　　　　　　　　　ソ　ポダ

ㄷ変則
歩く
걷다 + 어 오다 → 歩いてくる **걸어 오다**
コッタ　　　　　　　　　　コロ　オダ

STEP 1：連用形の応用 ● 〜てみる／〜てくる（複合動詞）

● フレーズのバリエーション

英字新聞を**持ってきました**。
영자신문을 가져 왔어요.
ヨンチャシンムヌル　　カジョ　　ワッソヨ

ここを**読んでごらんなさい**。
여기를 읽어 보세요.
ヨギルル　　イルゴ　　ボセヨ

では、辞書を**持っていらっしゃい**。
그럼, 사전을 가져 오세요.
クロム　サジョヌル　カジョ　オセヨ

● 영자신문[ヨンチャシンムン]：英字新聞　● 사전[サジョン]：辞書

①持ってきました

가지다（持つ）を「〜てくる」の形にして、過去形にしています。

（持つ）　（〜てくる）　（過去）　（「ヨ」タイプ）
가지다 ＋ 어 오다 ＋ 았다 ＋ 어요

　　　　持ってきました
　→ **가져 왔어요**

②読んでごらんなさい

읽다（読む）を「〜てみる」の形にして、尊敬表現にします。尊敬のていねい形は、やわらかい命令の意味で使われます。

（読む）　（〜てみる）（「ヨ」タイプ尊敬）読んでごらんなさい
읽다 ＋ 어 보다 ＋ 세요 → **읽어 보세요**

③持っていらっしゃい

가지다（持つ）を「〜てくる」の形にして、尊敬表現にします。

（持つ）　（〜てくる）（「ヨ」タイプ尊敬）持っていらっしゃい
가지다 ＋ 어 오다 ＋ 세요 → **가져 오세요**

第4章 応用表現のしくみ

理由

〜て／〜ので

連用形を使った原因・理由を表す表現です。動作の先行も表します。

陽母音なら 👉 陽母音語幹 ＋ **아서** アソ

陰母音なら 👉 陰母音語幹 ＋ **어서** オソ

● 活用のバリエーション

語幹の母音を見る

陽母音語幹： (値が)高い **비싸다** ピッサダ ＋ 아서 ➡ 高くて **비싸서** ピッサソ

陰母音語幹： 少ない **적다** チョクタ ＋ 어서 ➡ 少なくて **적어서** チョゴソ

変則活用

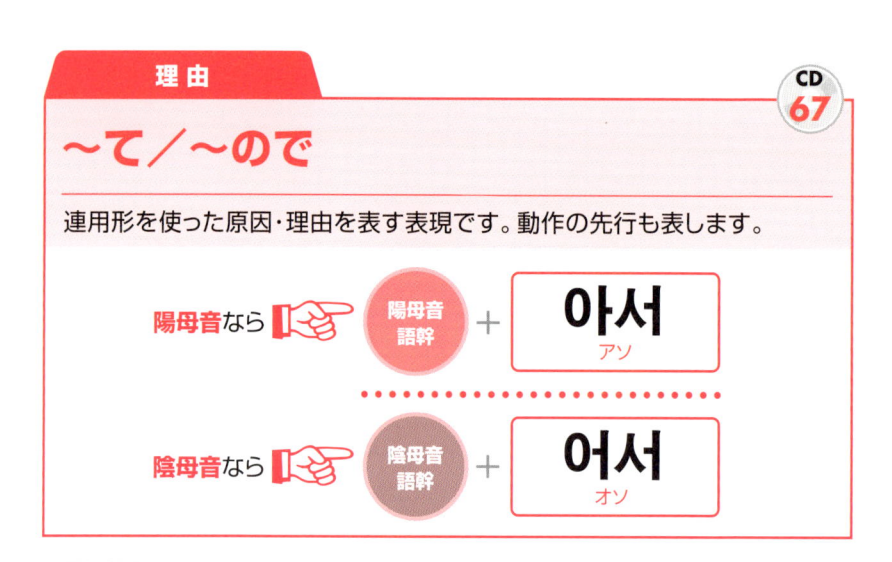

으変則： 痛い **아프다** アプダ ＋ 아서 ➡ 痛くて **아파서** アパソ

ㅂ変則： 暑い **덥다** トプタ ＋ 어서 ➡ 暑くて **더워서** トウォソ

르変則： 知らない **모르다** モルダ ＋ 아서 ➡ 知らなくて **몰라서** モルラソ

아/어서は「原因・理由」のほかに、2つの動作が続く場合の最初の動作（＝動作の先行）を表すこともできます。

시장에 **가서** 김치를 샀다.　市場へ**行って**キムチを買った。
シジャンエ カソ キムチルル サッタ

STEP 1：連用形の応用 ● ～て／～ので（理由）

● **フレーズのバリエーション**

アイスコーヒーがあります。
냉커피 있어요.
ネンコピ　　　　イッソヨ

ここに**座って**召し上がってください。
여기 앉아서 드세요.
ヨギ　　アンジャソ　　トゥセヨ

ありがとう。
고마워요.
コマウォヨ

さっぱりしておいしいです。
시원해서 맛있어요.
シウォネソ　　　マシッソヨ

● 냉커피 [ネンコピ]：アイスコーヒー（냉は漢字で「冷」）　● 여기 [ヨギ]：ここ
● 고맙다 [コマプタ]：ありがたい… ㅂ変則の形容詞。
　고마워요は、고맙다の「ヨ」タイプていねい形です。

① **座って**

앉다（座る）を「～て」の形にして、動作の先行を表しています。

　　　　　（座る）　（動作の先行）　座って
　　　　　앉다　＋　아서　→　**앉아서**

② **さっぱりして**

시원하다（さっぱりしている）を「～て」の形にして、理由を表しています。

　　　（さっぱりしている）　（理由）　さっぱりして（いるので）
　　　　　시원하다　＋　여서　→　**시원해서**

※하다には여서がつきます。

第4章 応用表現のしくみ

許可

～てもいい

「ヨ」タイプ
「～てもいいですか?」は되다を돼요? [テヨ] にします。

「～てもいいですか?」と「ヨ」タイプの疑問形でよく使われます。

陽母音なら 👉 陽母音語幹 + **아도 되다**
　　　　　　　　　　　　　　　アド　　テダ

陰母音なら 👉 陰母音語幹 + **어도 되다**
　　　　　　　　　　　　　　　オド　　テダ

● 活用のバリエーション

語幹の母音を見る

| 陽母音語幹 | 座る
앉다
アンタ | + 아도 되다 | → | 座ってもいい
앉아도 되다
アンジャド　テダ |

| 陰母音語幹 | 片づける
치우다
チウダ | + 어도 되다 | → | 片づけてもいい
치워도 되다
チウォド　テダ |

変則活用

| 으変則 | 使う
쓰다
スダ | + 어도 되다 | → | 使ってもいい
써도 되다
ソド　テダ |

| ㅂ変則 | 焼く
굽다
クㇷ゚タ | + 어도 되다 | → | 焼いてもいい
구워도 되다
クウォド　テダ |

| ㄷ変則 | 聞く
묻다
ムッタ | + 어도 되다 | → | 聞いてもいい
물어도 되다
ムロド　テダ |

| 르変則 | 選ぶ
고르다
コルダ | + 아도 되다 | → | 選んでもいい
골라도 되다
コルラド　テダ |

STEP 1：連用形の応用　●　～てもいい（許可）

● **フレーズのバリエーション**

ここで写真を
여기서 사진을
ヨギソ　　　サジヌル

撮ってもいいですか？
찍어도 돼요?
チゴド　　テヨ

はい、建物の中に
예, 건물 안에
イェ　コンムル　アネ

入ってもいいですよ。
들어가도 됩니다.
トゥロガド　　テムニダ

● 여기서 [ヨギソ]：ここで…「そこで」は 거기서 [コギソ]、「あそこで」は 저기서 [チョギソ]です。
● 사진 [サジン]：写真　● 건물 [コンムル]：建物　● 안 [アン]：中

①撮ってもいいですか？

찍다（撮る）を「～てもいい」の形にし、「ヨ」タイプていねいの疑問形にしています。

　　（撮る）　　（許可）　　（「ヨ」タイプ疑問）　　撮ってもいいですか？
　　찍다 ＋ **어도 되**다 ＋ **어요？** → **찍어도 돼요?**

②入ってもいいですよ

들어가다（入る）を「～てもいいです」の形にしています。「？」を取って肯定文に、さらに「ダ」タイプのていねい形にしています。

　　（入る）　　（許可）　　（「ダ」タイプ）　　入ってもいいですよ
　　들어가다 ＋ **아도 되**다 ＋ **ㅂ니다** → **들어가도 됩니다**

第4章　応用表現のしくみ

143

変化

〜になる

「ヨ」タイプ
「〜になります」は 지다 を 져요 [ジョヨ] にします。

形容詞について状態の変化を表します。過去形で使われることも多いです。

陽母音なら 👉 陽母音語幹 + **아 지다** [ア チダ]

陰母音なら 👉 陰母音語幹 + **어 지다** [オ チダ]

● 活用のバリエーション

語幹の母音を見る

陽母音語幹 — 良い **좋**다 [チョタ] + 아 지다 → 良くなる **좋아지다** [チョアジダ]

陰母音語幹 — 広い **넓**다 [ノルタ] + 어 지다 → 広くなる **넓어지다** [ノルボジダ]

変則活用

으変則 — かわいい **예쁘**다 [イェップダ] + 어 지다 → かわいくなる **예뻐지다** [イェッポジダ]

ㅂ変則 — 重い **무겁**다 [ムゴプタ] + 어 지다 → 重くなる **무거워지다** [ムゴウォジダ]

르変則 — 早い **빠르**다 [パルダ] + 아 지다 → 早くなる **빨라지다** [パルラジダ]

ㅎ変則 — 赤い **빨갛**다 [パルカタ] + 애 지다 → 赤くなる **빨개지다** [パルゲジダ]

ㅎ+아
→ ㅐ

STEP 1：連用形の応用　●　〜になる（変化）

● **フレーズのバリエーション**

最近、ドラマはずいぶん
요즘 드라마는 많이
ヨジュム　　トゥラマヌン　　マニ

複雑になりました。
복잡해졌어요.
ポッチャペジョッソヨ

そして前より
그리고 예전보다
クリゴ　　イェジョンボダ

つまら**なくなりました。**
재미도 없어졌어요.
チェミド　　オプソジョッソヨ

- 요즘[ヨジュム]：最近　● 그리고[クリゴ]：そして
- 예전보다[イェジョンボダ]：以前より…예전（以前）+ 보다（より＝比較の助詞）
- 재미[チェミ]：おもしろみ…「つまらない」は 재미가 없다[チェミガオプタ] です。

①複雑になりました

복잡하다（複雑だ）を「〜になる」の形にしています。

※ 복잡하다の発音は、ㄱとㅈがぶつかり濃音化、ㅂとㅎがぶつかり激音化が生じて[복짜파다]となります。

　　　　（複雑だ）　　（変化）　（過去）　（「ヨ」タイプ）
　　　　복잡하다 ＋ 여 지다 ＋ 었다 ＋ 어요
　　　　　複雑になりました　　　※하다には 여 지다がつきます。
　　　　→ **복잡해졌어요**

②なくなりました

없다（ない）を「〜になる」の形にしています。

　　（ない）　（変化）　（過去）　（「ヨ」タイプ）　なくなりました
　　없다 ＋ 어 지다 ＋ 었다 ＋ 어요 → 없어졌어요

第4章　応用表現のしくみ

義務

～なければならない

「ヨ」タイプ
「～なければなりません」は
하다を해요 [ヘヨ] にします。

連用形を使った義務を表す表現です。

陽母音なら → 陽母音語幹 + **아야 하다**
　　　　　　　　　　　　　　アヤ　　ハダ

陰母音なら → 陰母音語幹 + **어야 하다**
　　　　　　　　　　　　　　オヤ　　ハダ

● 活用のバリエーション

語幹の母音を見る

陽母音語幹
見る
보다 + 아야 하다 → 봐야 하다
ボダ　　　　　　　　　　ボァヤ　ハダ
（見なければならない）

陰母音語幹
あげる
주다 + 어야 하다 → 줘야 하다
チュダ　　　　　　　　　チョヤ　ハダ
（あげなければならない）

変則活用

으変則
従う
따르다 + 아야 하다 → 따라야 하다
タルダ　　　　　　　　　　タラヤ　ハダ
（従わなければならない）

ㄷ変則
載せる
싣다 + 어야 하다 → 실어야 하다
シッタ　　　　　　　　　シロヤ　ハダ
（載せなければならない）

ㅅ変則
作る
짓다 + 어야 하다 → 지어야 하다
チッタ　　　　　　　　　チオヤ　ハダ
（作らなければならない）

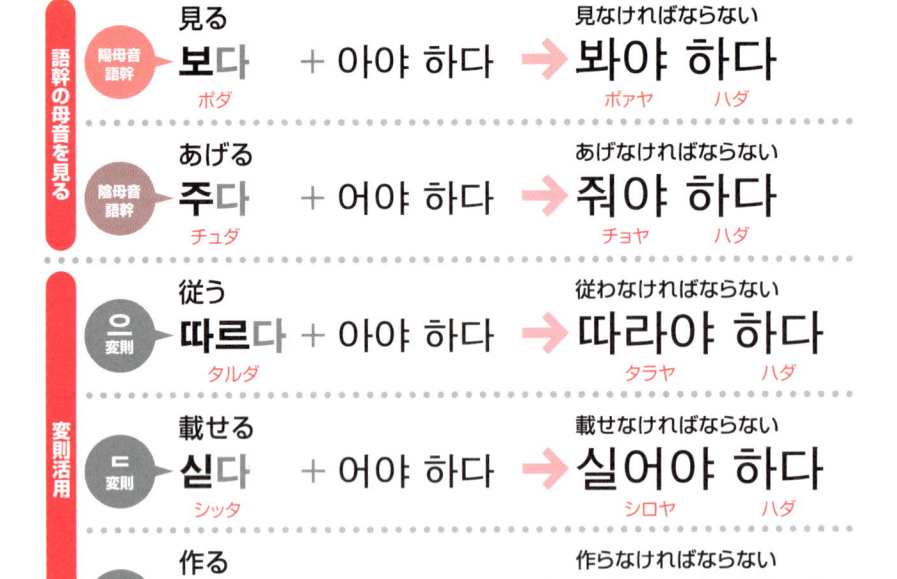

ここで使われている아/어야 하다のほかにも、よく使われる義務表現に아/어야 되다 [テダ] があります。

봐야 되다（見なければならない）
ボァヤ　テダ

STEP 1：連用形の応用 ● ～なければならない（義務）

● **フレーズのバリエーション**

これ全部、明日までに
이거 다 내일까지
イゴ　タ　　ネイルッカジ

終えなければなりません。
끝내야 해요.
クンネヤ　　ヘヨ

全部はできません。
다는 못해요.
タヌン　モテヨ

まだたくさん残っています。
아직 많이 남았어요.
アジク　マニ　ナマッソヨ

- 내일까지 [ネイルッカジ]：明日まで…내일（明日）+까지（まで＝期限を表す助詞）
- 다 [タ]：全部　● 아직 [アジク]：まだ　● 많이 [マニ]：たくさん

※못해요（できません）は ㅅ と ㅎ がぶつかり激音化が生じます。パッチム ㅅ は ㄷ で発音されるので［모태요］と発音します。

①終えなければなりません

끝내다（終える）を「～なければならない」の形にしています。

（終える）　　　（義務）　　　（「ヨ」タイプ）　終えなければなりません
끝내다 ＋ 어야 하다 ＋ 여요 → 끝내야 해요

※하다には여요がつきます。

②残っています

남다（残る）の過去形ですが、日本語では状態を表すので「残っています」と訳します。

（残る）　（過去）　（「ヨ」タイプ）　残りました（残っています）
남다 ＋ 았다 ＋ 어요 → 남았어요

第4章　応用表現のしくみ

STEP 2 連体形の応用

連体形を使ったさまざまな表現を覚えていきましょう。連体形の場合は、基本的に語幹のパッチムがあるかないかを見て用言を活用させます。

方法

〜のし方

CD 71

※動詞の連体形現在は、パッチムの有無にかかわらず는を使います。

動詞の連体形現在を使った、方法を表す表現です。

パッチムの有無にかかわらず　動詞の語幹 ＋ **는 법**（ヌン ポブ）

● 活用のバリエーション　　　　　　　　　　　　　　　連体形現在

正則活用

使う		使い方
쓰다 (スダ)	＋ 는 법	→ 쓰는 법 (スヌン ポブ)

食べる		食べ方
먹다 (モクタ)	＋ 는 법	→ 먹는 법 (モンヌン ポブ)

変則活用 ㄹ変則

売る		売り方
팔다 (パルダ)	＋ 는 법	→ 파는 법 (パヌン ポブ)

変則活用しない動詞

ㅂ変則

焼く		焼き方
굽다 (クプタ)	＋ 는 법	→ 굽는 법 (クムヌン ポブ)

ㅅ変則

作る		作り方
짓다 (チッタ)	＋ 는 법	→ 짓는 법 (チンヌン ポブ)

※動詞の連体形現在の場合、ㄹ変則は変則活用しますが、それ以外の変則活用動詞は変則活用しません。語幹のパッチムと는がぶつかり、鼻音化が生じる場合の発音に気をつけましょう。

STEP 2：連体形の応用 ● 〜のし方（方法）

● **フレーズのバリエーション**

チマチョゴリ（韓服）の**着方**を
한복 입는 법을
ハンボク　イムヌン　ポプル
教えてください。
가르쳐 주세요.
カルチョ　チュセヨ

金先生が私より
김선생님이 저보다
キムソンセンニミ　　チョボダ
よく**ご存知**です。
잘 **아십니다**.
チャル　アシムニダ

● 한복 [ハンボク]：韓国の民族衣装　● 선생님 [ソンセンニム]：先生
● 보다 [ポダ]：〜より（比較を表す）

① **着方**

입다（着る）を「〜のし方」の形にしています。

（着る）　（〜のし方）　着方
입다 ＋ 는 법 → **입는 법**

鼻音化 ㅂとㄴがぶつかって［임는 법］と発音します。

② **教えてください**

가르치다（教える）を「〜てください」の形にしています。

（教える）　（〜てください）　教えてください
가르치다 ＋ 어 주세요 → **가르쳐 주세요**

③ **ご存知です**

알다（知る）を尊敬語にしてから、「ダ」タイプのていねい形にしています。

（知る）（ㄹ変則語幹）（尊敬）　（「ダ」タイプ）　ご存知です
알다 → 아 ＋ 시다 ＋ ㅂ니다 → **아십니다**

第4章 応用表現のしくみ

未来表現

〜だろう

「ヨ」タイプ

「〜でしょう」は 것이다を 거예요 [コエヨ] にします。

連体形未来を使った未来表現。動詞も形容詞も同様に活用します。

パッチムがないなら 👉 パッチムがない語幹 + **ㄹ 것이다**
 ル　コシダ

パッチムがあるなら 👉 パッチムがある語幹 + **을 것이다**
 ウル　コシダ

● 活用のバリエーション

連体形未来

語幹のパッチムを見る

パッチムがない語幹
来る　**오다** + ㄹ 것이다 → 来るだろう **올 것이다**
オダ　　　　　　　　　　　　オル　コシダ

パッチムがある語幹
着る　**입다** + 을 것이다 → 着るだろう **입을 것이다**
イプタ　　　　　　　　　　　　イブル　コシダ

変則活用

ㄹ変則
甘い　**달다** + ㄹ 것이다 → 甘いだろう **달 것이다**
タルダ　　　　　　　　　　　　タル　コシダ

ㅂ変則
寒い　**춥다** + ㄹ 것이다 → 寒いだろう **추울 것이다**
チュプタ　　　　　　　　　　　　チュウル　コシダ

ㄷ変則
聞く　**듣다** + 을 것이다 → 聞くだろう **들을 것이다**
トゥッタ　　　　　　　　　　　　トゥルル　コシダ

ㅅ変則
治る　**낫다** + 을 것이다 → 治るだろう **나을 것이다**
ナッタ　　　　　　　　　　　　ナウル　コシダ

STEP 2：連体形の応用 ● ～だろう（未来表現）

● **フレーズのバリエーション**

あそこで**売っているものは**
저기서 파는 게
チョギソ　パヌン　ケ

おいしいですか？
맛있어요?
マシッソヨ

日本人の口には
일본 사람 입에는
イルボン　サラム　イベヌン

辛いでしょう。
매울 거예요.
メウル　コエヨ

- 게 [ケ]：ものは…것이の縮約形。助詞は「は」ではなく「が」＝이を使います。
- 맛있다 [マシッタ]：おいしい ● 일본 사람 [イルボン サラム]：日本人 ● 입 [イプ]：口

①売っているものは

팔다（売る）を連体形現在の形にしています。

（売る）　（ㄹ変則語幹）（連体形現在）（ものは）　　**売るものは**
팔다 → 파 ＋ 는 ＋ 게 → 파는 게
（売っているものは）

②辛いでしょう

맵다（辛い）を未来表現にしています。

（辛い）　（ㅂ変則語幹）　（未来）　（「ヨ」タイプ）
맵다 → 매우 ＋ ㄹ 것이다 ＋ 어요

辛いでしょう
→ **매울 거예요**

可能

〜ことができる

「ヨ」タイプ　「〜ことができます」は있다を있어요[イッソヨ]にします。

連体形未来を使った可能表現です。

パッチムがないなら 👉 パッチムがない語幹 ＋ **ㄹ 수 있다**
ル　ス　イッタ

パッチムがあるなら 👉 パッチムがある語幹 ＋ **을 수 있다**
ウル　ス　イッタ

● 活用のバリエーション　　　　　　　　　　　　　　　　連体形未来

語幹のパッチムを見る

パッチムがない語幹
買う
사다 ＋ ㄹ 수 있다 → **살 수 있다**
サダ　　　　　　　　　　買うことができる　サル　ス　イッタ

パッチムがある語幹
忘れる
잊다 ＋ 을 수 있다 → **잊을 수 있다**
イッタ　　　　　　　　　忘れることができる　イジュル　ス　イッタ

変則活用

ㄹ変則
住む
살다 ＋ ㄹ 수 있다 → **살 수 있다**
サルダ　　　　　　　　　住むことができる　サル　ス　イッタ

ㄷ変則
悟る
깨닫다 ＋ 을 수 있다
ケダッタ
→ **깨달을 수 있다**
悟ることができる　ケダルル　ス　イッタ

※ ㄹ/을 수 있다は直訳すると「〜する手段がある」。수の意味は「手段」「術（すべ）」です。있다（ある）を없다（ない）にすれば「〜する手段がない＝〜ことができない」と不可能を表します。
※ 사다（買う）と살다（住む）は、連体形未来にすると同じ形になります。どちらの意味なのかは文脈から判断してください。

STEP 2：連体形の応用　● ～ことができる（可能）

● **フレーズのバリエーション**

この本はどこで**買えますか**？
이 책은 어디서 살 수 있어요?
イ　チェグン　オディソ　サル　ス　イッソヨ

絶版になって、今、
절판이 돼서 지금
チョルパニ　テソ　チグム

手に入れることができません。
구할 수 없습니다.
クハル　ス　オプスムニダ

● 책［チェク］：本　● 지금［チグム］：今

第4章　応用表現のしくみ

①**買えますか？**

사다（買う）を可能表現にした形です。

　（買う）　　（可能）　　（「ヨ」タイプ疑問）　買うことができますか？（買えますか？）
　사다 + ㄹ 수 있다 + 어요? → **살 수 있어요?**

②**絶版になって**

名詞＋가/이　되다で、「（名詞）になる」という言い方です。さらに理由を表す어서がついた形です。

　（絶版になる）　（理由）　絶版になって
　절판이 되다 + 어서 → **절판이 돼서**

③**手に入れることができません**

구하다（手に入れる）を不可能表現にした形です。

　（手に入れる）　（不可能）　（「ダ」タイプ）
　구하다 + ㄹ 수 없다 + 습니다
　　　　手に入れることができません
　　　→ **구할 수 없습니다**

経験

〜ことがある

「ヨ」タイプ
「〜ことがあります」は있다を있어요［イッソヨ］にします。

CD 74

動詞の連体形過去を使って、経験を表します。

パッチムがないなら	☞	パッチムがない語幹	＋	ㄴ 적이 있다 ン　チョギ　イッタ
パッチムがあるなら	☞	パッチムがある語幹	＋	은 적이 있다 ウン　チョギ　イッタ

● 活用のバリエーション　　　　　　　　　　　　連体形過去

語幹のパッチムを見る

パッチムがない語幹
乗る
타다 ＋ ㄴ 적이 있다 → 乗ったことがある
タダ　　　　　　　　　　탄 적이 있다
　　　　　　　　　　　　タン　チョギ　イッタ

パッチムがある語幹
信じる
믿다 ＋ 은 적이 있다 → 信じたことがある
ミッタ　　　　　　　　　믿은 적이 있다
　　　　　　　　　　　　ミドゥン　チョギ　イッタ

変則活用

ㄹ変則
作る
만들다 ＋ ㄴ 적이 있다
マンドゥルダ

→ 作ったことがある
만든 적이 있다
マンドゥン　チョギ　イッタ

ㄷ変則
聞く
듣다 ＋ 은 적이 있다
トゥッタ

→ 聞いたことがある
들은 적이 있다
トゥルン　チョギ　イッタ

※ ㄴ/은 적이 있다の적は経験を表す「（した）こと」という意味。있다（ある）を없다（ない）にすれば「〜ことがない」と未経験であることを表します。

STEP 2：連体形の応用 ● ～ことがある（経験）

● **フレーズのバリエーション**

その小説は
그 소설 책은
_{ク　　　ソソル　　チェグン}

読んだことがあります。
읽은 적이 있어요.
_{イルグン　　チョギ　　イッソヨ}

たぶん家にあるでしょう。
아마 집에 있을 거예요.
_{アマ　　チベ　　イッスル　　コエヨ}

- 소설 [ソソル]：小説
  「推理小説」は **추리소설** [チュリソソル]、「恋愛小説」は **연애소설** [ヨネソソル]、
  「短編小説」は **단편소설** [タンピョンソソル]、「長編小説」は **장편소설** [チャンピョンソソル]
- 책 [チェク]：本　● 아마 [アマ]：たぶん　● 집 [チプ]：家

①読んだことがあります

읽다（読む）を経験を表す表現にしたものです。

_{（読む）　　　　　（経験）　　　　（「ヨ」タイプ）}
읽다 + 은 적이 있다 + 어요
読んだことがあります
→ 읽은 적이 있어요

②あるでしょう

있다（ある）を未来表現にした形です。

_{（ある）　　（未来）　　（「ヨ」タイプ）　あるでしょう}
있다 + 을 것이다 + 어요 → 있을 거예요

第4章　応用表現のしくみ

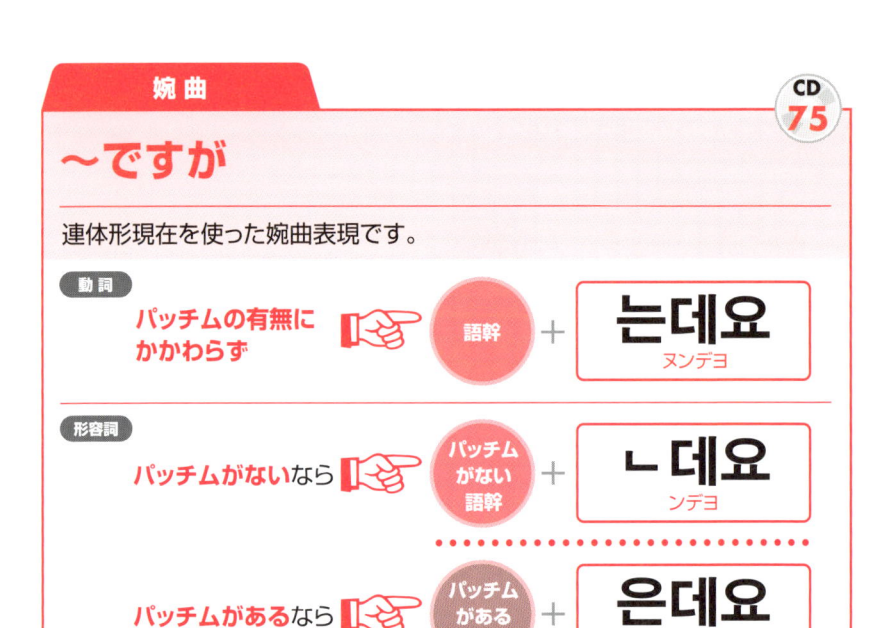

婉曲

〜ですが

連体形現在を使った婉曲表現です。

動詞
パッチムの有無にかかわらず → 語幹 + **는데요** (ヌンデヨ)

形容詞
パッチムがないなら → パッチムがない語幹 + **ㄴ데요** (ンデヨ)

パッチムがあるなら → パッチムがある語幹 + **은데요** (ウンデヨ)

● 活用のバリエーション　　　　　　　　　　　　　　連体形現在

動詞

来る
오다 (オダ) + 는데요 → 来るのですが **오는데요** (オヌンデヨ)

ㄹ変則　売る
팔다 (パルダ) + 는데요 → 売るのですが **파는데요** (パヌンデヨ)

形容詞

パッチムがある語幹　多い
많다 (マンタ) + 은데요 → 多いのですが **많은데요** (マヌンデヨ)

ㄹ変則　遠い
멀다 (モルダ) + ㄴ데요 → 遠いのですが **먼데요** (モンデヨ)

ㅂ変則　近い
가깝다 (カッカプタ) + ㄴ데요 → 近いのですが **가까운데요** (カッカウンデヨ)

STEP 2：連体形の応用 ● 〜ですが（婉曲）

● **フレーズのバリエーション**

これ、ちょっと**小さいのですが**。
이거 좀 **작은데요**.
イゴ　チョム　　チャグンデヨ

もっと**大きいものもありますが**。
더 **큰 것**도 **있는데요**.
ト　クン　コット　　インヌンデヨ

● 좀 [チョム]：少し、ちょっと　● 더 [ト]：もっと　● 도 [ト]：〜も

①小さいのですが

작다（小さい）を婉曲表現にしています。

　　　　　（小さい）　（婉曲）　　小さいのですが
　　　　　작다 ＋ 은데요 → **작은데요**

②大きいもの

크다（大きい）を連体形現在の形にしています。

　　　（大きい）（連体形現在）（もの）　大きいもの
　　　크다 ＋ ㄴ ＋ 것 → **큰 것**

③ありますが

있다（ある）を婉曲表現にしています。있다は存在詞ですが、動詞に準じて活用します。

　　　　（ある）　　（婉曲）　　ありますが
　　　　있다 ＋ 는데요 → **있는데요**

第4章　応用表現のしくみ

特定のときを表す

〜のとき

連体形未来を使った「〜のとき」という表現です。

パッチムがないなら → パッチムがない語幹 + **ㄹ 때** (ル テ)

パッチムがあるなら → パッチムがある語幹 + **을 때** (ウル テ)

● 活用のバリエーション　　　　　　　　　　　連体形未来

語幹のパッチムを見る

| パッチムがない語幹 | 忙しい **바쁘다** (パップダ) + ㄹ 때 → 忙しいとき **바쁠 때** (パップル テ) |

| パッチムがある語幹 | 探す **찾다** (チャッタ) + 을 때 → 探すとき **찾을 때** (チャジュル テ) |

変則活用

| ㄹ変則 | 遊ぶ **놀다** (ノルダ) + ㄹ 때 → 遊ぶとき **놀 때** (ノル テ) |

| ㅂ変則 | 寒い **춥다** (チュプタ) + ㄹ 때 → 寒いとき **추울 때** (チュウル テ) |

| ㄷ変則 | 聞く **듣다** (トゥッタ) + 을 때 → 聞くとき **들을 때** (トゥルル テ) |

「〜だったとき」と過去を表す場合は、過去形にした語幹に을 때をつけます。

갔을 때 (行ったとき) カッスル テ

예뻤을 때 (かわいかったとき) イェッポッスル テ

STEP 2：連体形の応用 ● ～のとき（特定のときを表す）

● **フレーズのバリエーション**

バスの**乗り方**
버스 **타는 법**
ポス　タヌン　ポプ

乗るとき、切符を取ります。
타실 때 표를 뽑습니다.
タシル　テ　ピョルル　ポプスムニダ

降りるとき、
내리실 때
ネリシル　テ

料金をお支払いください。
요금을 지불하세요.
ヨグムル　チブラセヨ

● 표 [ピョ]：切符　● 요금 [ヨグム]：料金

※ **지불하세요**は、**지불하다**（支払う）の尊敬表現で、やわらかい命令の意味で使われています。

①乗り方

타다（乗る）を「～のし方」の形にしています。

　　　（乗る）　　（～のし方）　**乗り方**
　　　타다 ＋ 는 법 → **타는 법**

②乗るとき

타다（乗る）を尊敬語にして「～のとき」の形にしています。

　（乗る）　（尊敬）　（～のとき）　**お乗りになるとき**
　타다 ＋ 시다 ＋ ㄹ 때 → **타실 때**

※ 日本語に尊敬を反映させると不自然になるので「乗るとき」と訳します。

③降りるとき

내리다（降りる）を尊敬語にして「～のとき」の形にしています。

　（降りる）　（尊敬）　（～のとき）　**お降りになるとき**
　내리다 ＋ 시다 ＋ ㄹ 때 → **내리실 때**

※ 日本語に尊敬を反映させると不自然になるので「降りるとき」と訳します。

第4章　応用表現のしくみ

STEP 3 連用形・連体形以外の表現

連用形や連体形以外のさまざまな表現を覚えていきます。

現在進行形

〜ている   [ヨ]タイプ
「〜ています」は있다を있어요［イッソヨ］にします。

状態を表す（p.134参照）のではなく、動作の過程を表す表現です。

母音、パッチムにかかわらず ☞ 動詞の語幹 ＋ **고 있다**（コ イッタ）

● 活用のバリエーション

正則活用

入れる
넣다（ノタ）＋ 고 있다 → 入れている 넣고 있다（ノコ イッタ）

ここでは変則活用しない動詞

ㄹ変則　知る
알다（アルダ）＋ 고 있다 → 知っている 알고 있다（アルゴ イッタ）

ㄷ変則　乗せる
싣다（シッタ）＋ 고 있다 → 乗せている 싣고 있다（シッコ イッタ）

ㅅ変則　混ぜる
젓다（チョッタ）＋ 고 있다 → 混ぜている 젓고 있다（チョッコ イッタ）

語幹のパッチムによって고の発音が変わるので注意しましょう。

- 가고（行って）ka-go ＝濁る
- 알고（知って）al-go ＝濁る
- 싣고（乗せて）sit-kko ＝濁らない（→p.25「濃音化」参照）
- 넣고（入れて）nō-kʰo ＝濁らない（→p.29「激音化」参照）

STEP 3：連用形・連体形以外の表現　●　～ている（現在進行形）

● **フレーズのバリエーション**

今、何していますか？
지금 뭐 하고 있어요?
チグム　ムォ　ハゴ　イッソヨ

家でテレビを**見ているのですが**。
집에서 TV보고 있는데요.
チベソ　ティビ　ポゴ　インヌンデヨ

※「テレビ」TVは티비［ティビ］と読みます。

①していますか？

하다（する）を「～ている」の形にしています。

　　（する）　　（現在進行）　（「ヨ」タイプ疑問）　していますか？
　　하다　＋　고 **있**다　＋　어요?　→　**하고 있어요?**

②見ているのですが

보다（見る）を「～ている」の形にして、文末に婉曲表現の**는데요**をつけています。

　　（見る）　　（現在進行）　　（婉曲）　　見ているのですが
　　보다　＋　고 **있**다　＋　는데요　→　**보고 있는데요**

第4章　応用表現のしくみ

希望

〜たい

「ヨ」タイプ
「〜たいです」は 싶다を 싶어요 [シポヨ] にします。

希望、願望を表す表現です。

母音、パッチムにかかわらず　動詞の語幹 ＋ **고 싶다**
コ　シプタ

● 活用のバリエーション

正則活用

食べる
먹다 ＋ 고 싶다 ➔ 食べたい **먹고 싶다**
モㇰタ　　　　　　　　　　モㇰコ　シプタ

会う
만나다 ＋ 고 싶다 ➔ 会いたい **만나고 싶다**
マンナダ　　　　　　　　　マンナゴ　シプタ

変則活用しない動詞

ㄹ変則　売る
팔다 ＋ 고 싶다 ➔ 売りたい **팔고 싶다**
パルダ　　　　　　　　　　パルゴ　シプタ

ㅂ変則　助ける
돕다 ＋ 고 싶다 ➔ 助けたい **돕고 싶다**
トプタ　　　　　　　　　　トプコ　シプタ

ㄷ変則　聞く
듣다 ＋ 고 싶다 ➔ 聞きたい **듣고 싶다**
トゥッタ　　　　　　　　　トゥッコ　シプタ

ㅅ変則　治る
낫다 ＋ 고 싶다 ➔ 治りたい **낫고 싶다**
ナッタ　　　　　　　　　　ナッコ　シプタ

※「〜たい」と希望を表すこの活用では、変則活用動詞は変則活用しません。

STEP 3：連用形・連体形以外の表現　●　〜たい（希望）

● **フレーズのバリエーション**

もっと遊びたいのですが。
더 놀고 싶은데요.
ト　ノルゴ　シブンデヨ

私は早く
저는 빨리
チョヌン　パルリ

帰りたいです。
집에 가고 싶어요.
チベ　カゴ　シポヨ

● 빨리 [パルリ]：早く

①遊びたいのですが

놀다（遊ぶ）を「〜たい」の形にして、文末を婉曲表現にしています。

（遊ぶ）　（希望）　（婉曲）　遊びたいのですが
놀다 ＋ 고 **싶**다 ＋ 은데요 → **놀고 싶은데요**

※싶다は補助形容詞ですので、婉曲表現では고 싶은데요となります。

②帰りたいです

가다（行く）を「〜たい」の形にしています。韓国語では「家に行く」で「家に帰る」という意味になります。

（家に行く）　（希望）　（「ヨ」タイプ）　（家に）帰りたいです
집에 가다 ＋ 고 싶다 ＋ 어요 → **집에 가고 싶어요**

第4章　応用表現のしくみ

推量

〜だろう

「ヨ」タイプ
「〜でしょう」は겠다を겠어요［ケッソヨ］にします。

推量を表す表現です。この表現は意志を表すこともできます。

母音、パッチムにかかわらず ☞ すべての語幹 ＋ **겠다** ケッタ

● 活用のバリエーション

正則活用

発つ
떠나다 ＋ 겠다 → 発つだろう **떠나겠다**
トナダ　　　　　　　　　トナゲッタ

変則活用しない用言

ㄹ変則
分かる
알다 ＋ 겠다 → 分かるだろう **알겠다**
アルダ　　　　　　　　　アルゲッタ

ㅂ変則
暑い
덥다 ＋ 겠다 → 暑いだろう **덥겠다**
トプタ　　　　　　　　　トプケッタ

겠다は、推量のほかに意志を表すこともできます。この場合、日本語訳には反映されません。

● 自分の意志を表す

제가 하겠습니다.（私がやります）
チェガ　ハゲッスムニダ

● 相手の意志を尋ねる

무엇을 먹겠어요?（何を食べますか?）
ムオスル　モッケッソヨ

164

STEP 3：連用形・連体形以外の表現 ● ～だろう（推量）

● **フレーズのバリエーション**

もうすぐ雨が**降りそうです**。
곧 비가 오겠어요.
コッ　ピガ　　オゲッソヨ

洗濯物を外に**干せません**。
빨래를 밖에 못 널겠어요.
パルレルル　パッケ　モン　ノルゲッソヨ

- 곧 [コッ]：間もなく、もうすぐ ● 비 [ピ]：雨
- 빨래 [パルレ]：洗濯物 ● 밖 [パック]：外

①降りそうです

비（雨）가（が）오다（来る）で「雨が降る」という意味になります。오다を推量を表す「～でしょう」の形にしています。

　　　（来る）　（推量）　（「ヨ」タイプ）　来るでしょう
　　　　　　　　　　　　　　　　　　　（降りそうです）
　　　　오다 ＋ 겠다 ＋ 어요 → **오겠어요**

②干せません

널다（干す）を、推量ではなく意志を表す形にしています。

　（不可能）（干す）（意志）（「ヨ」タイプ）　干せません
　　못 ＋ 널다 ＋ 겠다 ＋ 어요 → **못 널겠어요**

鼻音化

ㅅとㄴがぶつかって
[몬 널겠어요]と発音します。

第4章 応用表現のしくみ

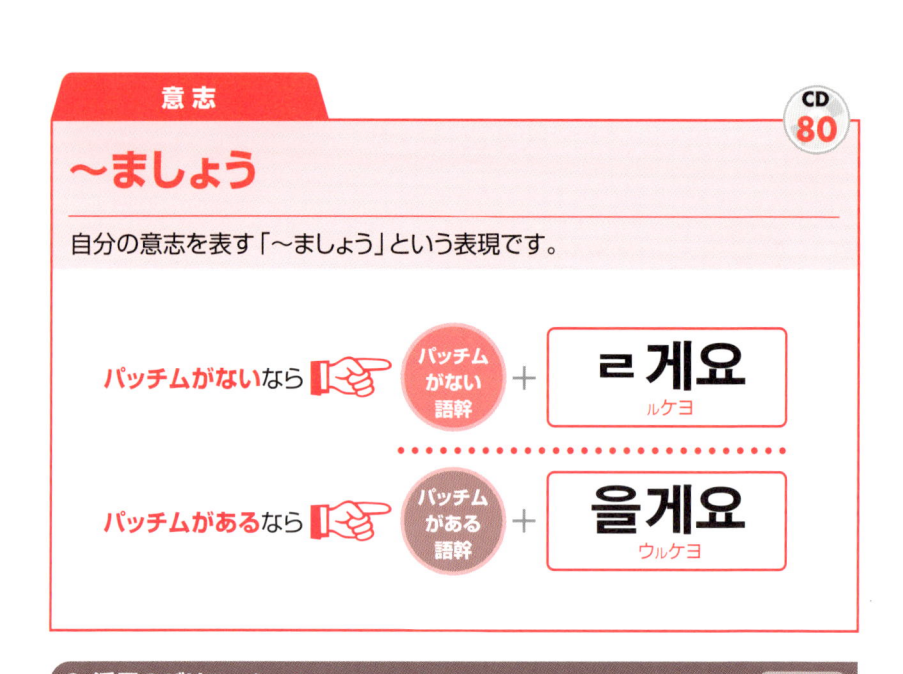

～ましょう

意志

自分の意志を表す「～ましょう」という表現です。

パッチムがないなら → パッチムがない語幹 ＋ **ㄹ게요** ルケヨ

パッチムがあるなら → パッチムがある語幹 ＋ **을게요** ウルケヨ

● 活用のバリエーション　「ヨ」タイプ

語幹のパッチムを見る

| パッチムがない語幹 | 待つ **기다리다** キダリダ | ＋ ㄹ게요 | → | 待ちましょう **기다릴게요** キダリルケヨ |

| パッチムがある語幹 | 食べる **먹다** モクタ | ＋ 을게요 | → | 食べましょう **먹을게요** モグルケヨ |

変則活用

| ㄹ変則 | 作る **만들다** マンドゥルダ | ＋ ㄹ게요 | → | 作りましょう **만들게요** マンドゥルケヨ |

| ㄷ変則 | 聞く **듣다** トゥッタ | ＋ 을게요 | → | 聞きましょう **들을게요** トゥルルケヨ |

| ㅅ変則 | (家やご飯を)作る **짓다** チッタ | ＋ 을게요 | → | 作りましょう **지을게요** チウルケヨ |

※ **짓다**は「(建物を)建てる」「(ご飯を)炊く」という意味で、**만들다**よりも限定された意味での「作る」として使われます。

STEP 3：連用形・連体形以外の表現　●　〜ましょう（意志）

● **フレーズのバリエーション**

では、私が
그러면 제가
クロミョン　　チェガ

ご説明**いたしましょう**。
설명해 드릴게요.
ソルミョンヘ　　　トゥリルケヨ

ちゃんと**聞いてください**。
잘 들어 주세요.
チャル　トゥロ　　チュセヨ

- 그러면[クロミョン]：では　● 설명하다[ソルミョンハダ]：説明する

①いたしましょう

まず、하다（する）と 주다（あげる）の複合動詞 해 주다（してあげる）を作ります。この 주다（あげる）を謙譲語 드리다（差し上げる）にして、意思を表す文末表現を作ります。

（差し上げる）　（意志）　差し上げます（いたしましょう）
드리다 + ㄹ게요 → 드릴게요

※ 드리다（差し上げる）は 주다（あげる）の謙譲語です。주다には「くれる」という意味もあり、「くれる」の尊敬語は 주시다（くださる）です。

②聞いてください

듣다（聞く）を「〜てください」の形にしています。듣다は ㄷ変則動詞です。

（聞く）　（〜てください）　聞いてください
듣다 + 어 주세요 → 들어 주세요

第4章　応用表現のしくみ

同意をうながす

〜ですね

※会話では短縮されて죠 [チョ] になることもあります。

相手に同意をうながすときの表現です。

母音、パッチムにかかわらず 👉 すべての語幹 ＋ **지요** チヨ

● 活用のバリエーション 「ヨ」タイプ

正則活用

閉める
닫다 ＋ 지요
タッタ

→ 閉めますね
닫지요
タッチヨ

ここでは変則活用しない用言

ㅂ変則
寒い
춥다 ＋ 지요
チュプタ

→ 寒いですね
춥지요
チュプチヨ

ㄹ変則
売る
팔다 ＋ 지요
パルダ

→ 売りますね
팔지요
パルジヨ

ㄷ変則
聞く
듣다 ＋ 지요
トゥッタ

→ 聞きますね
듣지요
トゥッチヨ

지요は、同意をうながすほか、勧誘、やわらかい疑問、意志も表します。

- **勧誘** 자, 가시지요. (さあ、行きましょう)
 チャ　カシジヨ

- **やわらかい疑問** 이거 얼마지요? (これ、いくらですか?)
 イゴ　オルマジヨ

- **意志** 제가 하지요. (私がやりましょう)
 チェガ　ハジヨ

STEP 3：連用形・連体形以外の表現　●　～ですね（同意をうながす）

● **フレーズのバリエーション**

郵便局は**どこですか？**
우체국이 어디지요?
ウチェグギ　　　　　オディジヨ

そこに茶色の建物が**見えるでしょう？**
저기 갈색 건물이 보이지요?
チョギ　カルセㇰ　コンムリ　　　ポイジョ

そこです。
저기입니다.
チョギイムニダ

第4章　応用表現のしくみ

● 우체국 [ウチェグㇰ]：郵便局　● 갈색 [カルセㇰ]：茶色　● 건물 [コンムㇽ]：建物

※ 指示代名詞の使い方は日本語と韓国語でほぼ同じですが、微妙にずれが生じる場合もあります。ここでは日本語訳を「そこ」にしていますが、韓国語は저기（あそこ）を使っています。

① **どこですか？**

어디（どこ）이다（だ）に**지요?**をつけて、やわらかい疑問を表しています。

※ パッチムがない名詞につく場合、**이다**の**이**が脱落します。また、**어디죠**と縮約されることもあります。

　　　　　　（どこだ）　　（やわらかい疑問）　どこですか？
　　　　　어디이다 ＋ **지요?** → **어디지요?**

② **見えるでしょう？**

보이다（見える）に**지요?**をつけて、相手の同意を求めています。

　　　　　　（見える）　　（同意）　　見えるでしょう？
　　　　　보이다 ＋ **지요?** → **보이지요?**

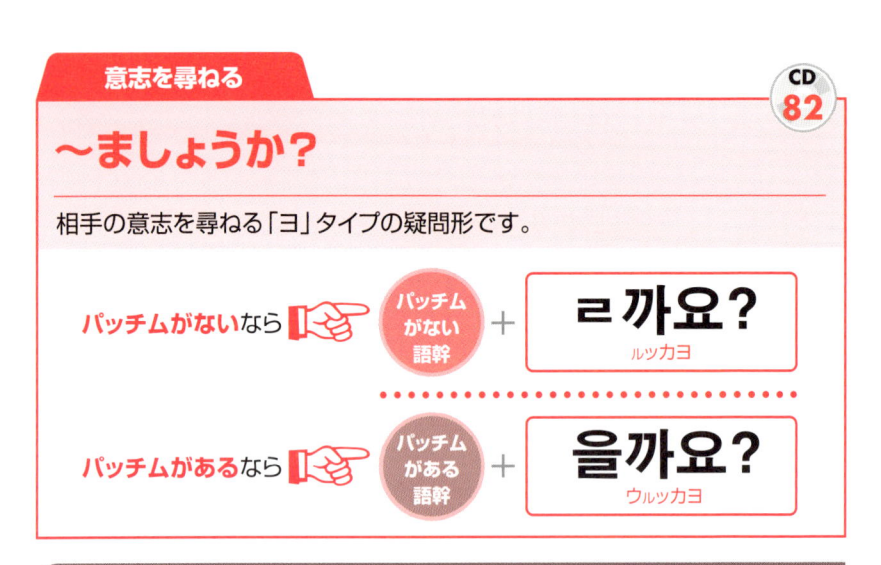

意志を尋ねる

～ましょうか？

相手の意志を尋ねる「ヨ」タイプの疑問形です。

パッチムがないなら 👉 パッチムがない語幹 ＋ **ㄹ까요?** ルッカヨ

パッチムがあるなら 👉 パッチムがある語幹 ＋ **을까요?** ウルッカヨ

● 活用のバリエーション 「ヨ」タイプ

語幹のパッチムを見る

パッチムがない語幹
行く
가다 カダ
＋ ㄹ까요? →
行きましょうか？
갈까요? カルッカヨ

パッチムがある語幹
読む
읽다 イクタ
＋ 을까요? →
読みましょうか？
읽을까요? イルグルッカヨ

変則活用

ㄹ変則
遊ぶ
놀다 ノルダ
＋ ㄹ까요? →
遊びましょうか？
놀까요? ノルッカヨ

ㅂ変則
難しい
어렵다 オリョプタ
＋ ㄹ까요? →
難しいでしょうか？
어려울까요? オリョウルッカヨ

ㄷ変則
尋ねる
묻다 ムッタ
＋ 을까요? →
尋ねましょうか？
물을까요? ムルルッカヨ

主語が「私」「私たち」の場合は、相手の意志を尋ねる表現になりますが、主語が三人称の場合は、話し手の推測を表します。

서울까지 얼마나 걸릴까요?（ソウルまでどのくらいかかるでしょうか？）
ソウルッカジ　オルマナ　コルリルッカヨ

STEP 3：連用形・連体形以外の表現 ● ～ましょうか？（意志を尋ねる）

● **フレーズのバリエーション**

ここでプレゼントを**買いましょうか？**
여기서 선물을 **살까요?**
ヨギソ　　ソンムルル　　サルッカヨ

デパートで**買うのが**
백화점에서 **사는 게**
ペクァジョメソ　サヌン　ケ

良くないでしょうか？
좋지 않을까요?
チョチ　アヌルッカヨ

● 선물 [ソンムル]：プレゼント、贈り物　● 백화점 [ペクァジョム]：デパート、百貨店

①買いましょうか？

사다（買う）を「～ましょうか？」の形にしています。

（買う）　　（～ましょうか？）　　買いましょうか？
사다 ＋ ㄹ까요? → **살까요?**

②買うのが

사다（買う）を連体形現在にして것を修飾しています。게は것이（ことが）の縮約形です。

（買う）（連体形現在）（こと）　（が）　買うことが（買うのが）
사다 ＋ 는 ＋ 것 ＋ 이 → **사는 게**

③良くないでしょうか？

좋다（良い）を否定形좋지 않다（良くない）にしてから、「～でしょうか？」の形にしています。

（良くない）　　（～でしょうか？）　　良くないでしょうか？
좋지 않다 ＋ 을까요? → **좋지 않을까요?**

第4章 応用表現のしくみ

勧誘

～ましょう

一緒に何かをしたいときなど、相手を誘うための表現です。

パッチムがないなら 👉 パッチムがない語幹 + **ㅂ시다** プシダ

パッチムがあるなら 👉 パッチムがある語幹 + **읍시다** ウプシダ

● 活用のバリエーション 『ダ』タイプ

語幹のパッチムを見る

パッチムがない語幹	歌う **부르다** プルダ	+ ㅂ시다	→	歌いましょう **부릅시다** プルプシダ
パッチムがある語幹	信じる **믿다** ミッタ	+ 읍시다	→	信じましょう **믿읍시다** ミドゥプシダ

変則活用

ㄹ変則	掛ける **걸다** コルダ	+ ㅂ시다	→	掛けましょう **겁시다** コプシダ
ㄷ変則	歩く **걷다** コッタ	+ 읍시다	→	歩きましょう **걸읍시다** コルプシダ
ㅅ変則	混ぜる **젓다** チョッタ	+ 읍시다	→	混ぜましょう **저읍시다** チョウプシダ

STEP 3：連用形・連体形以外の表現 ● **～ましょう（勧誘）**

● **フレーズのバリエーション**

さあ、ここで食事を**しましょう**。
자, 여기서 식사를 **합시다**.
チャ　　ヨギソ　　シクサルル　　ハプシダ

はい、まず手を**洗いましょう**。
예, 우선 손을 **씻읍시다**.
イェ　ウソン　ソヌル　シスプシダ

- 자 [チャ]：さあ（相手を促すときに発するかけ声） ● 식사 [シクサ]：食事
- 우선 [ウソン]：まず ● 손 [ソン]：手

①しましょう

하다（する）を「〜ましょう」の形にしています。

　　（する）　　（〜ましょう）　　しましょう
　　하다　＋　ㅂ시다　→　**합시다**

②洗いましょう

씻다（洗う）を「〜ましょう」の形にしています。

※씻다はパッチムがㅅですが、ㅅ変則動詞ではないので変則活用しません。

　　（洗う）　　（〜ましょう）　　洗いましょう
　　씻다　＋　읍시다　→　**씻읍시다**

第4章　応用表現のしくみ

詠嘆① 〜ですね

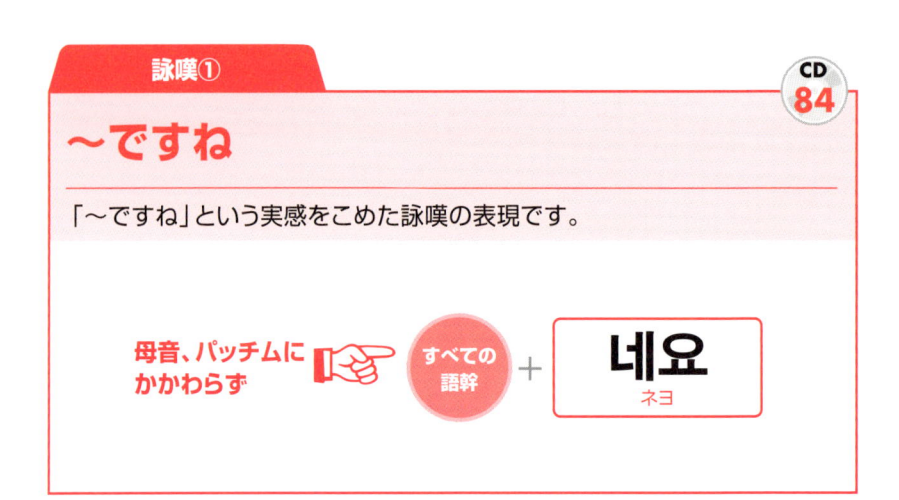

「〜ですね」という実感をこめた詠嘆の表現です。

母音、パッチムにかかわらず ☞ すべての語幹 + **네요** ネヨ

● 活用のバリエーション 「ヨ」タイプ

正則活用

来る
오다 オダ + 네요 ➔ 来ますね **오네요** オネヨ

受ける
받다 パッタ + 네요 ➔ 受けますね **받네요** パンネヨ

変則活用

ㄹ変則

遠い
멀다 モルダ + 네요 ➔ 遠いですね **머네요** モネヨ

※ㄹ変則はㄹが落ちます。

過去形や尊敬、推量などの後ろにつけて使うこともできます。

● **過去+詠嘆**　먹었네요（食べましたね）
　　　　　　　　モゴンネヨ

● **尊敬+詠嘆**　가시네요（行かれますね）
　　　　　　　　カシネヨ

● **推量+詠嘆**　어렵겠네요（難しそうですね）
　　　　　　　　オリョプケンネヨ

STEP 3：連用形・連体形以外の表現 ● 〜ですね（詠嘆①）

● **フレーズのバリエーション**

レンギョウがとても**きれいですね**。
개나리가 참 예쁘네요.
ケナリガ　　チャム　　イェップネヨ

ツツジももうすぐ**咲くでしょうね**。
진달래도 곧 피겠네요.
チンダルレド　コッ　ピゲンネヨ

- 개나리 [ケナリ]：レンギョウ ● 참 [チャム]：とても
- 진달래 [チンダルレ]：ツツジ ● 곧 [コッ]：すぐ、もうすぐ

①きれいですね

예쁘다（かわいい、きれい）を「〜ですね」の形にしています。

（きれい）　（詠嘆）　きれいですね
예쁘다 ＋ 네요 → **예쁘네요**

②咲くでしょうね

피다（咲く）に推量の겠다をつけてから「〜ですね」の形にしています。

（咲く）　（推量）　（詠嘆）　咲くでしょうね
피다 ＋ 겠다 ＋ 네요 → **피겠네요**

鼻音化

ㅆとㄴがぶつかって
[피겐네요]と発音します。

第4章　応用表現のしくみ

詠嘆② ～ですね

CD 85

※ p.174の詠嘆①네요と意味は同じですが、네요のほうが若干やわらかい感じのニュアンスで使われます。

動詞と形容詞で活用が少し異なる詠嘆の表現です。

[動詞] 母音、パッチムにかかわらず 👉 語幹 + **는군요** (ヌングンニョ)

[形容詞] 母音、パッチムにかかわらず 👉 語幹 + **군요** (クンニョ)

● 活用のバリエーション　「ヨ」タイプ

[動詞]

知らない
모르다 (モルダ) + 는군요 ➡ 知らないのですね **모르는군요** (モルヌングンニョ)

食べる
먹다 (モㇰタ) + 는군요 ➡ 食べるのですね **먹는군요** (モンヌングンニョ)

[ㄹ変則] 売る
팔다 (パルダ) + 는군요 ➡ 売るのですね **파는군요** (パヌングンニョ)　※ㄹ変則はㄹが落ちます。

[形容詞]

早い
빠르다 (パルダ) + 군요 ➡ 早いですね **빠르군요** (パルグンニョ)

多い
많다 (マンタ) + 군요 ➡ 多いですね **많군요** (マンクンニョ)

[ㄹ変則] 長い
길다 (キルダ) + 군요 ➡ 長いですね **길군요** (キルグンニョ)　※形容詞の場合はㄹ変則でもㄹが落ちません。

STEP 3：連用形・連体形以外の表現 ● 〜ですね（詠嘆②）

● フレーズのバリエーション

セミがずいぶん**鳴いていますね**。
매미가 **많이 우는군요**.
メミガ　　　マニ　　ウヌングンニョ

今年は夏の**来るのが**
올해는 **여름**이 **오는 게**
オレヌン　　ヨルミ　　オヌン　ケ

早いですね。
빠르군요.
パルグンニョ

● 매미 [メミ]：セミ　● 올해 [オレ]：今年　● 여름 [ヨルム]：夏

①鳴いていますね

울다（鳴く）を、는군요を使った詠嘆の形にしています。

　　　　　（鳴く）　　　（詠嘆）　　　鳴いていますね
　　　　　울다　＋　는군요　→　**우는군요**

②来るのが

오다を連体形現在にして것を修飾しています。게は것이（ことが）の縮約形です。

　　（来る）（連体形現在）（こと）　（が）　　来ることが（来るのが）
　　오다　＋　는　＋　것　＋　이　→　**오는 게**

③早いですね

빠르다（早い）を、군요を使った詠嘆の形にしています。

　　　　　（早い）　　　（詠嘆）　　　早いですね
　　　　　빠르다　＋　군요　→　**빠르군요**

第4章　応用表現のしくみ

STEP 4 接続の表現

最後に、文節と文節をつなぐための活用を覚えましょう。

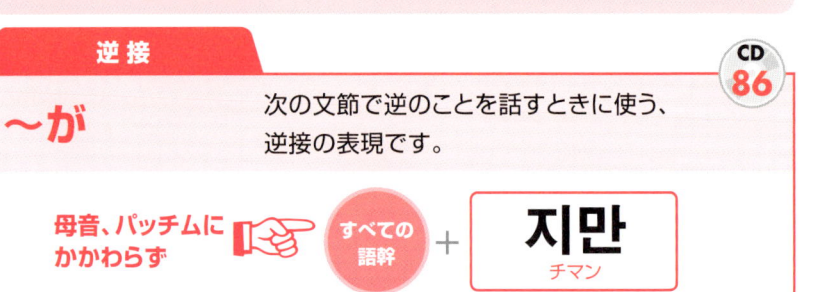

逆接

〜が　次の文節で逆のことを話すときに使う、逆接の表現です。

母音、パッチムにかかわらず　☞　すべての語幹　＋　**지만**（チマン）

● 活用のバリエーション

正則活用

送る　**보내다**（ポネダ）＋ 지만　→　送るが　**보내지만**（ポネジマン）

変則活用しない用言

ㄹ変則　甘い　**달다**（タルダ）＋ 지만　→　甘いが　**달지만**（タルジマン）

ㄷ変則　聞く　**듣다**（トゥッタ）＋ 지만　→　聞くが　**듣지만**（トゥッチマン）

過去形や推量、希望などの後ろにつけて使うこともできます。

- **過去＋逆接**　**기다렸지만**（待ったが）キダリョッチマン
- **推量＋逆接**　**춥겠지만**（寒いだろうが）チュプケッチマン
- **希望＋逆接**　**하고 싶지만**（したいが）ハゴ シッチマン

語幹のパッチムによって지の発音が変わるので注意しましょう。

가지만（行くが）　ka-ji-man　＝濁る
알지만（知るが）　al-ji-man　＝濁る
믿지만（信じるが）　mit-cchi-man　＝濁らない（→p.25「濃音化」参照）
넣지만（入れるが）　nō-chi-man　＝濁らない（→p.29「激音化」参照）

STEP 4：接続の表現　●〜が（逆接）

● **フレーズのバリエーション**

昨日、財布を**なくしました**。
어제 지갑을 잃어버렸어요.
オジェ　　チガブル　　　　イロボリョッソヨ

家中すみずみまで
집안 구석구석까지
チバン　　　クソックソッカジ

探しましたが、ありませんでした。
찾았지만 없었어요.
チャジャッチマン　　オプソッソヨ

● 어제 [オジェ]：昨日　● 지갑 [チガブ]：財布
● 구석 [クソッ]：隅（구석구석で「すみずみ」）

第4章　応用表現のしくみ

①なくしました

버리다は動詞の連用形（語幹＋아/어）について、「〜てしまう」という意味の複合動詞を作ります。

　　　（失う）　（〜てしまう）　（過去）　（「ヨ」タイプ）
　　　잃다 ＋ 어 **버리**다 ＋ **었**다 ＋ 어요
　　　　　　なくしました
　　→ **잃어버렸어요**

②探しましたが

찾다（探す）を過去形にして、逆接をつけた形です。

　　　（探す）　（過去）　（逆接）　探しましたが
　　　찾다 ＋ **았**다 ＋ 지만 → **찾았지만**

③ありませんでした

없다（ない）を過去形にして、「ヨ」タイプのていねい形にしています。

　　　（ない）　（過去）　（「ヨ」タイプ）　ありませんでした
　　　없다 ＋ **었**다 ＋ 어요 → **없었어요**

仮定

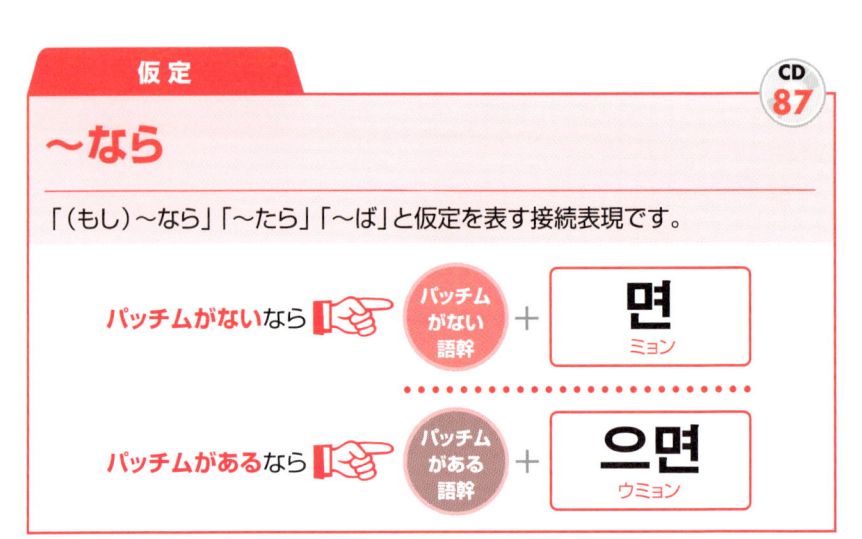

〜なら

「(もし)〜なら」「〜たら」「〜ば」と仮定を表す接続表現です。

パッチムがないなら 👉 パッチムがない語幹 + **면** ミョン

パッチムがあるなら 👉 パッチムがある語幹 + **으면** ウミョン

● 活用のバリエーション

語幹のパッチムを見る

| パッチムがない語幹 | 行く **가다** カダ | + 면 | ➡ 行くなら **가면** カミョン |

| パッチムがある語幹 | 閉める **닫다** タッタ | + 으면 | ➡ 閉めるなら **닫으면** タドゥミョン |

変則しない

ㄹ変則　作る **만들다** マンドゥルダ + 면 ➡ 作るなら **만들면** マンドゥルミョン

※ㄹ変則でもパッチムㄹが落ちず、으면の으も入りません。

変則活用

ㅂ変則　辛い **맵다** メプタ + 면 ➡ 辛いなら **매우면** メウミョン

ㄷ変則　載せる **싣다** シッタ + 으면 ➡ 載せるなら **실으면** シルミョン

ㅅ変則　治る **낫다** ナッタ + 으면 ➡ 治るなら **나으면** ナウミョン

※「(もし)〜なら」のあとには、「成る、OKだ」の意味の動詞되다を続けて、(으)면 되다(〜すればよい)という形がよく使われます。

STEP 4：接続の表現 ● ～なら（仮定）

● **フレーズのバリエーション**

サルサダンスを
살사댄스를
サルサデンスルル

習いたいのですが。
배우고 싶은데요.
ペウゴ　シプンデヨ

習いたいなら
배우고 싶으면
ペウゴ　シプミョン

習うとよいでしょう。
배우면 되지요.
ペウミョン　テジヨ

● 살사댄스 [サルサデンス] ：サルサダンス

①習いたいのですが

배우다（習う）に고 싶다（希望）をつけてから、婉曲の形にします。

　　（習う）　　（希望）　　（婉曲）　　　習いたいのですが
　　배우다 ＋ 고 싶다 ＋ 은데요 → **배우고 싶은데요**

②習いたいなら

「習いたい」という希望表現を仮定の形にします。

　　　（習いたい）　　（仮定）　　習いたいなら
　　배우고 싶다 ＋ 으면 → **배우고 싶으면**

③習うとよいでしょう

「習う」に（으）면 되다（～すればよい）をつけてから、さらに지요をつけて、話し手の意志を表しています。

　　（習う）　（～すればよい）　（意志）　習うとよいでしょう
　　배우다 ＋ 면 되다 ＋ 지요 → **배우면 되지요**

第4章　応用表現のしくみ

動作の目的

～に／～ために

動作の目的を表す活用です。そのあとには、動作を表す表現を続けます。

パッチムがないなら 👉 パッチムがない語幹 ＋ **러** (ロ)

パッチムがあるなら 👉 パッチムがある語幹 ＋ **으러** (ウロ)

● 活用のバリエーション

語幹のパッチムを見る

パッチムがない語幹
見る
보다 (ポダ) ＋ 러 → 見に **보러** (ポロ)

パッチムがある語幹
探す
찾다 (チャッタ) ＋ 으러 → 探しに **찾으러** (チャジュロ)

変則しない

ㄹ変則
売る
팔다 (パルダ) ＋ 러 → 売りに **팔러** (パルロ)

※ ㄹ変則でもパッチムㄹが落ちず、으러の으も入りません。

変則活用

ㄷ変則
聞く
듣다 (トゥッタ) ＋ 으러 → 聞きに **들으러** (トゥルロ)

ㅅ変則
作る
짓다 (チッタ) ＋ 으러 → 作りに **지으러** (チウロ)

(으)러のあとに 가다(行く)／오다(来る)を続けた表現がよく使われます。

보러 가다(見に行く)
ポロ　カダ

찾으러 오다(探しに来る)
チャジュロ　オダ

182

STEP 4：接続の表現 ● ～に／～ために（動作の目的）

● **フレーズのバリエーション**

夕方、遊びに行きましょうか？
저녁에 놀러 갈까요?
チョニョゲ　ノルロ　カルッカヨ

明日までにこれを全部
내일까지 이걸 다
ネイルッカジ　イゴル　タ
終えなければならないのですが。
끝내야 되는데요.
クンネヤ　テヌンデヨ

●저녁[チョニョク]：夕方　●이걸[イゴル]：これを（이것을の縮約形）

①遊びに

놀다（遊ぶ）を「～に」の形にしています。놀다はㄹ変則動詞ですが、パッチムㄹが落ちず、으러の으も入りません。

　　　　　　　　　（遊ぶ）　（動作の目的）　遊びに
　　　　　　　　　놀다 ＋ 러 → 놀러

②行きましょうか？

가다（行く）を「～ましょうか？」の形にしています。

　　　　　　（行く）　（～ましょうか？）　行きましょうか？
　　　　　　가다 ＋ ㄹ까요? → 갈까요?

③終えなければならないのですが

끝내다（終える）に、義務の表現と婉曲表現をつけています。

　　　　　　（終える）　　（義務）　　（婉曲）
　　　　　　끝내다 ＋ 어야 되다 ＋ 는데요
　　　　　　終えなければならないのですが
　　　　　　→ 끝내야 되는데요

※義務表現아/어야 되다は、p.146の아/어야 하다と同じように使うことができます。

同時進行

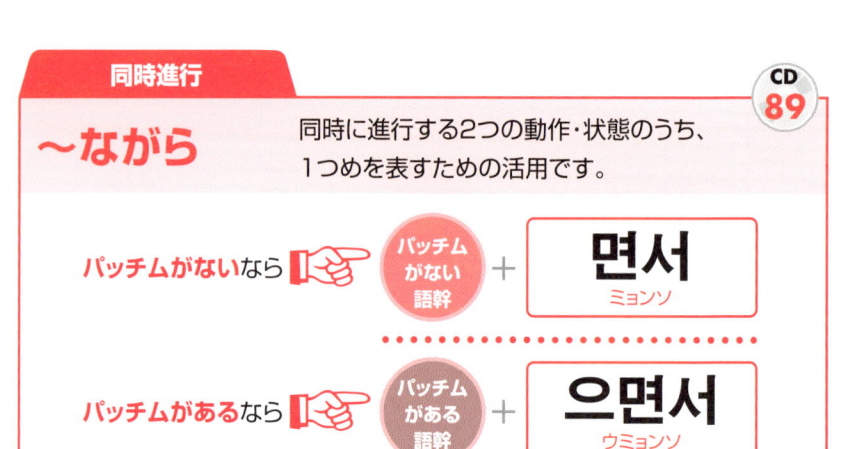

〜ながら

同時に進行する2つの動作・状態のうち、1つめを表すための活用です。

パッチムがないなら 👉 パッチムがない語幹 ＋ **면서** (ミョンソ)

パッチムがあるなら 👉 パッチムがある語幹 ＋ **으면서** (ウミョンソ)

● 活用のバリエーション

語幹のパッチムを見る

パッチムがない語幹	習う **배우다** (ペウダ) ＋ 면서 →	習いながら **배우면서** (ペウミョンソ)
パッチムがある語幹	笑う **웃다** (ウッタ) ＋ 으면서 →	笑いながら **웃으면서** (ウスミョンソ)

変則しない

ㄹ変則: 泣く **울다** (ウルダ) ＋ 면서 → 泣きながら **울면서** (ウルミョンソ)

※ㄹ変則でもパッチムㄹが落ちず、으면서の으も入りません。

変則活用

ㅂ変則: 易しい **쉽다** (スィプタ) ＋ 면서 → 易しいながら **쉬우면서** (スィウミョンソ)

ㄷ変則: 聞く **듣다** (トゥッタ) ＋ 으면서 → 聞きながら **들으면서** (トゥルミョンソ)

動詞の場合は2つの動作が同時に起きていることを表し、形容詞の場合は2つの状況が同時に存在していることを表します。

動詞 울면서 이야기하다
ウルミョンソ　イヤギハダ
(泣きながら話す)

形容詞 쉬우면서 내용이 좋다
スィウミョンソ　ネヨンイ　チョタ
(易しいながら内容がいい)

STEP 4：接続の表現　●　～ながら（同時進行）

● **フレーズのバリエーション**

もう少し**行くと**、
좀 더 가면
チョム　ト　カミョン

コーヒーショップがあります。
커피숍이 있어요.
コピショビ　　　イッソヨ

お茶を**飲みながら**
차를 **마시면서**
チャルル　マシミョンソ

話しましょうか？
이야기할까요？
イヤギハルッカヨ

- 좀 더 [チョム ト]：もう少し…좀（少し）、더（もっと）の順で表現します。
- 커피숍 [コピショプ]：コーヒーショップ　● 차 [チャ]：お茶

①行くと

가다（行く）を仮定の形にしています。

　　　　　　（行く）　（仮定）　**行くと**
　　　　　　가다 ＋ 면 → **가면**

②飲みながら

마시다（飲む）を「～ながら」の形にしています。

　　　　　　（飲む）　（～ながら）　**飲みながら**
　　　　　　마시다 ＋ 면서 → **마시면서**

③話しましょうか？

이야기하다（話す）を「～ましょうか？」の形にしています。

　　　　　　（話す）　　（～ましょうか？）　**話しましょうか？**
　　　　　　이야기하다 ＋ ㄹ까요？ → **이야기할까요？**

第4章　応用表現のしくみ

理由①

〜だから

語幹のパッチムを見て活用する、理由を表す接続表現です。

パッチムがないなら 👉 パッチムがない語幹 + **니까** ニッカ

パッチムがあるなら 👉 パッチムがある語幹 + **으니까** ウニッカ

● 活用のバリエーション

語幹のパッチムを見る

パッチムがない語幹	安い **싸다** サダ	+ 니까	→	安いから **싸니까** サニッカ
パッチムがある語幹	小さい **작다** チャクタ	+ 으니까	→	小さいから **작으니까** チャグニッカ

変則活用

ㄹ変則	知る **알다** アルダ	+ 니까	→	知っているから **아니까** アニッカ	※ㄹ変則はㄹが落ちます。
ㅂ変則	熱い **뜨겁다** トゥゴプタ	+ 니까	→	熱いから **뜨거우니까** トゥゴウニッカ	
ㄷ変則	歩く **걷다** コッタ	+ 으니까	→	歩くから **걸으니까** コルニッカ	
ㅅ変則	腫れる **붓다** プッタ	+ 으니까	→	腫れるから **부으니까** プウニッカ	

STEP 4：接続の表現 ● ～だから（理由①）

● **フレーズのバリエーション**

熱があるのだから、家でお休みなさい。
열이 있으니까 집에서 쉬세요．
ヨリ　　イッスニッカ　　チベソ　　スィセヨ

薬を飲んだから、
약을 먹었으니까
ヤグル　　モゴッスニッカ

すぐに良くなるでしょう。
금방 나을 거예요．
クムバン　ナウル　コエヨ

● 열 [ヨル]：熱　● 약 [ヤク]：薬　● 금방 [クムバン]：すぐに

①あるのだから

있다（ある）を「～だから」の形にしています。

　　　　　（ある）　　（～だから）　**あるのだから**
　　　　　있다　＋　으니까　→　**있으니까**

②お休みなさい

쉬다（休む）を尊敬表現にし、「ヨ」タイプのていねい形にすると、やわらかい命令を表します。

　　　（休む）（「ヨ」タイプ尊敬）**お休みなさい**
　　　쉬다　＋　세요　→　**쉬세요**

③飲んだから

먹다（食べる）を過去形にしてから「～だから」の形にしています。韓国語では薬は「飲む」ではなく「食べる」먹다といいます。

　　　　　　　　　　　　　　　　　食べたから
　　（食べる）　（過去）　（～だから）（飲んだから）
　　먹다　＋　었다　＋　으니까　→　**먹었으니까**

第4章　応用表現のしくみ

理由② ～なので

CD 91

※기 때문에は、すでに学習した아/어서（→p.140参照）や(으)니까（→p.186参照）よりも強い意味で使われます。

原因・理由を表す接続表現です。

母音、パッチムにかかわらず すべての語幹 + **기 때문에**
キ　テムネ

● 活用のバリエーション

正則活用

乗る
타다 + 기 때문에 → 乗るので **타기 때문에**
タダ　　　　　　　　　　　　　タギ　テムネ

ない
없다 + 기 때문에 → ないので **없기 때문에**
オプタ　　　　　　　　　　　　オプキ　テムネ

ここでは変則活用しない用言

長い （ㄹ変則）
길다 + 기 때문에 → 長いので **길기 때문에**
キルダ　　　　　　　　　　　　キルギ　テムネ

難しい （ㅂ変則）
어렵다 + 기 때문에 → 難しいので **어렵기 때문에**
オリョプタ　　　　　　　　　　オリョプキ　テムネ

기 때문에は、때문（ため）に助詞の에がついた形です。때문（ため）に이다（～である）をつければ기 때문이다（～のためである、～だからである）という意味になります。

　　발음이 어렵기 때문입니다.（発音が難しいからです）
　　パルミ　オリョプキ　テムニムニダ

過去形の語幹にも기 때문에がつきます。

　　어려웠기 때문에（難しかったので）
　　オリョウォッキ　テムネ

STEP 4：接続の表現 ● 〜なので（理由②）

● **フレーズのバリエーション**

留学生活はどうでしたか？
유학생활이 어땠어요?
ユハㇰセンファリ　　　オッテッソヨ

何も知らなかったので、
아무것도 몰랐기 때문에
アムゴット　　モㇽラッキ　　テムネ

一生懸命勉強しました。
열심히 공부했어요.
ヨㇽシミ　　コンブヘッソヨ

- 유학생활 [ユハㇰセンファㇽ]：留学生活
- 아무것도 [アムゴット]：何も
- 열심히 [ヨㇽシミ]：一生懸命に（열심は漢字で「熱心」）

①どうでしたか？

어떻다（どんなふうだ）の過去の「ヨ」タイプていねい形です。어떻다は ㅎ 変則の形容詞です。

（どんなふうだ）　（過去）　（「ヨ」タイプ疑問）　どうでしたか？
어떻다 ＋ 었다 ＋ 어요？ → **어땠어요？**

②知らなかったので

모르다（知らない）を過去形にして、「〜なので」の形にしています。

（知らない）　（過去）　（〜なので）　知らなかったので
모르다 ＋ 았다 ＋ 기 때문에 → **몰랐기 때문에**

※ 모르다は 르 変則動詞です。

おさらい練習

練習1 次の動詞を指示のとおりに活用させ、最後に文を完成させましょう。

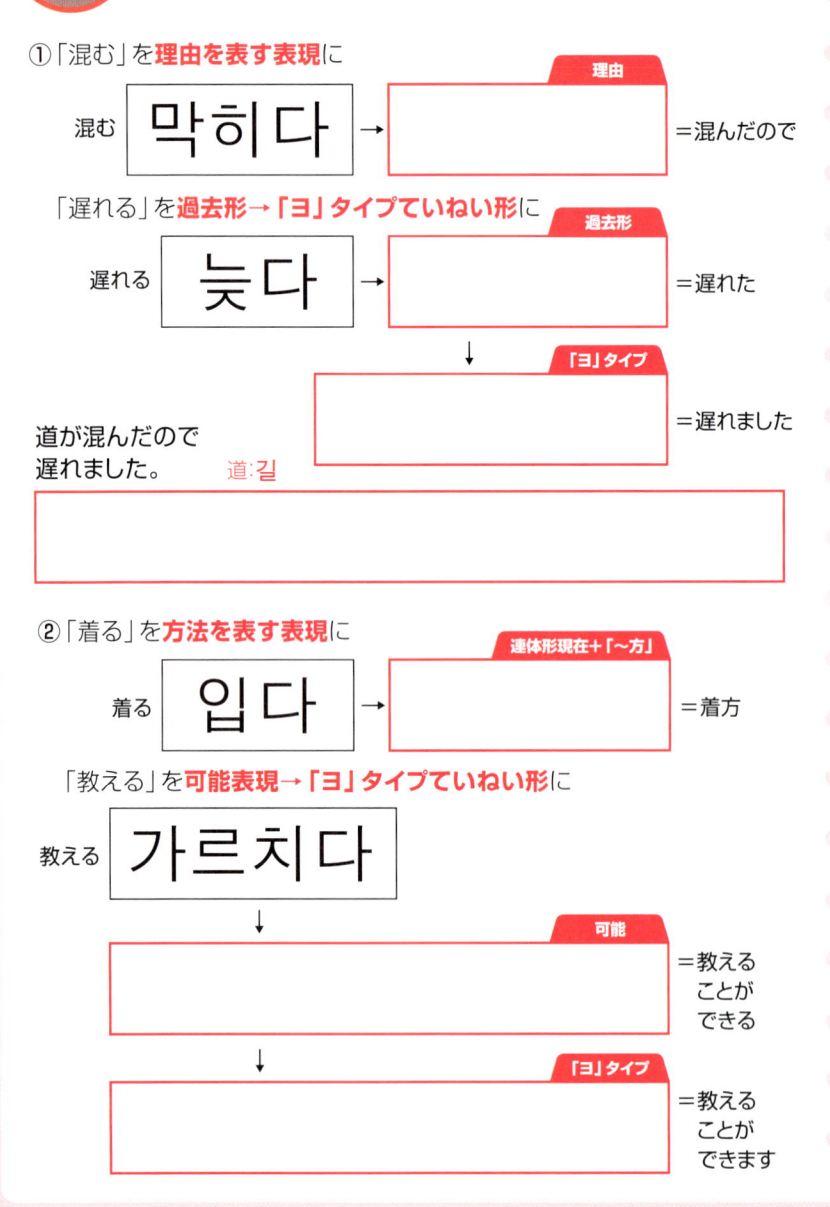

① 「混む」を**理由を表す表現**に

混む 막히다 → [　　理由　　] =混んだので

「遅れる」を**過去形→「ヨ」タイプていねい形**に

遅れる 늦다 → [　　過去形　　] =遅れた

↓

[　「ヨ」タイプ　] =遅れました

道が混んだので
遅れました。　道:길

[　　　　　　　　　　　　　]

② 「着る」を**方法を表す表現**に

着る 입다 → [連体形現在+「〜方」] =着方

「教える」を**可能表現→「ヨ」タイプていねい形**に

教える 가르치다

↓

[　　可能　　] =教えることができる

↓

[　「ヨ」タイプ　] =教えることができます

着物の着方を教えることができます。　　　　　着物:기모노

| |
| |

練習2　次の文で使われている動詞・形容詞の基本形を書きましょう。

① おいしいワインを飲みに行きたいです。（ワイン:와인）

맛있는 와인을 **마시러 가고 싶어요**.
語幹＋連体形現在　　　語幹＋動作の目的　語幹＋希望＋「ヨ」タイプ

おいしい　　　　　　飲む　　　　　　　行く

→

② 済州島には行ってみたことがありませんが、写真集を見ました。
（済州島:제주도、写真集:사진집）

제주도에는 가본 적이 없지만
　　　　　　語幹＋「〜てみる」＋経験（連体形過去）＋逆接

사진집을 봤어요.
　　　　語幹＋過去形＋「ヨ」タイプ

行ってみる　　　見る

→

答え：練習1 약속하다/놓았다/놓아서/집이 엉망이 돼았어요.
　　② 입는 법 ⇒ 가르치다/있다/알릴 수 있어요.
　　練習2 ① 맛있다/마시다/가다 ② 가다/보다

著者紹介

石田美智代(いしだ みちよ)

1991年より法廷通訳、ビジネス翻訳などに従事。現在、静岡大学、常葉学園大学で韓国語非常勤講師、静岡市国際交流協会で韓国語相談員。主な著書に『「カムサハムニダ」から始める書き込み式韓国語会話BOOK』(成美堂出版)、『やさしい韓国語会話』(高橋書店)、『カンタン基本フレーズで韓国語がしゃべれる本』、『とっさの言いまわし日常韓国語会話辞典』(以上、永岡書店)、翻訳に『絵ときシリーズ 見てわかる日本 韓国語版』(JTBパブリッシング)、『指さしイラスト会話JAPAN【韓国語〜日本語】』(実業之日本社)などがある。

●編集・制作／	有限会社テクスタイド
本文デザイン・DTP	田浦 裕朗(たうら ひろあき)
●編集協力	鄭 淑然(チョン スギョン)
●装丁	菊谷 美緒(きくや みお)
●イラスト	関根 庸子(せきね ようこ)
●CD録音	財団法人英語教育協議会(ELEC)
	●韓国語ナレーター：李 美賢(イ ミヒョン)
	●日本語ナレーター：水月 優希(みなつき ゆき)
●企画・編集	成美堂出版編集部

CD収録時間：59分29秒

●本書の付属CDは、CDプレーヤーでの再生を保証する規格品です。
●本書の付属CDには、タイトルなどの文字情報はいっさい含まれておりません。CDをパソコンなどに読み込んだ際、文字情報が表示されることがありますが、それは弊社の管理下にはないデータが取り込まれたためです。あらかじめご了承ください。

基本がわかる はじめての韓国語

著 者	石田美智代(いしだ みちよ)
発行者	深見公子
発行所	成美堂出版
	〒162-8445 東京都新宿区新小川町1-7
	電話(03)5206-8151 FAX(03)5206-8159
印 刷	広研印刷株式会社

©Ishida Michiyo 2011 PRINTED IN JAPAN
ISBN978-4-415-30986-6
落丁・乱丁などの不良本はお取り替えします
定価はカバーに表示してあります

• 本書および本書の付属物を無断で複写、複製(コピー)、引用することは著作権法上での例外を除き禁じられています。また代行業者等の第三者に依頼してスキャンやデジタル化することは、たとえ個人や家庭内の利用であっても一切認められておりません。

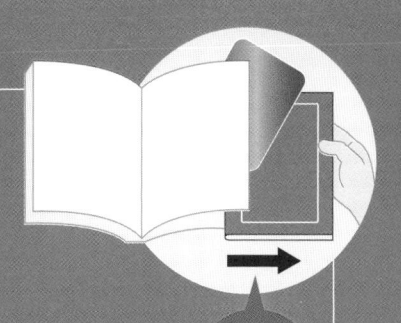

矢印の方向に引くと取り外せます

別冊

カテゴリー別
単語帳

基本単語
家族	1
人間関係	2
指示代名詞／方角	3
漢数字	4
固有数字	5
数詞	6
単位	7
とき①	8
とき②	9
暦	10
季節／気候	11

日常単語
家	12
日用品	13
オフィス	14
職業	15
趣味	16
ランドマーク	17
自然／地理	18
動物／植物	19
健康	20
身体の部位	21

旅行単語
交通①	22
交通②	23
宿泊	24
観光	25
食材	26
調味料／食器	27
食事①	28
食事②	29
ショッピング	30
ファッション	31
トラブル	32

● 基本単語

家族

가족
カジョク

□ 父	아버지	アボジ
□ 母	어머니	オモニ
□ 息子	아들	アドゥル
□ 娘	딸	タル
□ 兄 (弟から)	형	ヒョン
□ 姉 (弟から)	누나	ヌナ
□ 兄 (妹から)	오빠	オッパ
□ 姉 (妹から)	언니	オンニ
□ 弟	남동생	ナムドンセン
□ 妹	여동생	ヨドンセン
□ 祖父 (父方)	할아버지	ハラボジ
□ 祖母 (父方)	할머니	ハルモニ
□ 祖父 (母方)	외할아버지	ウェハラボジ
□ 祖母 (母方)	외할머니	ウェハルモニ
□ 伯父 (父方)	큰아버지	クナボジ
□ 叔父 (父方)	작은 아버지	チャグ ナボジ
□ 伯母・叔母 (父方)	고모	コモ
□ 伯父・叔父 (母方)	외삼촌	ウェサムチョン
□ 伯母・叔母 (母方)	이모	イモ
□ 両親	부모	プモ
□ 兄弟	형제	ヒョンジェ
□ 姉妹	자매	チャメ
□ 従姉	사촌	サチョン
□ 親戚	친척	チンチョク
□ 夫婦	부부	プブ
□ 妻	아내	アネ
□ 夫	남편	ナムピョン
□ 長男	큰아들	クナドゥル
□ 長女	큰딸	クンタル
□ 末っ子	막내	マンネ

1

人間関係 인간관계 インガンクァンゲ

私	저	チョ
私（親しい間柄で）	나	ナ
自分自身	자기자신	チャギジャシン
私たち	저희	チョイ
私たち（親しい間柄で）	우리	ウリ
君（親しい間柄で）	너	ノ
君たち（親しい間柄で）	너희들	ノイドゥル
彼	그	ク
彼女	그녀	クニョ
友達	친구	チング
知り合い	아는 사람	アヌン サラム
ガールフレンド	여자친구	ヨジャチング
ボーイフレンド	남자친구	ナムジャチング
恋人	애인	エイン
婚約者	약혼자	ヤコンジャ
先輩	선배	ソンベ
後輩	후배	フベ
同僚	동료	トンニョ ※実際の発音は［동뇨］
上司	상사	サンサ
隣人	이웃 사람	イウッ サラム
男	남자	ナムジャ
女	여자	ヨジャ
子ども	어린이	オリニ
赤ちゃん	아기	アギ
大人	어른	オルン
若者	젊은이	チョルムニ
老人	노인	ノイン
おじさん	아저씨	アジョッシ
おばさん	아줌마	アジュムマ
お嬢さん	아가씨	アガッシ

指示代名詞／方角 지시 대명사/방향
チシ テミョンサ パンヒャン

- これ
  이것
  イゴッ
- それ
  그것
  クゴッ
- あれ
  저것
  チョゴッ
- ここ
  여기
  ヨギ
- そこ
  거기
  コギ
- あそこ
  저기
  チョギ
- こちら
  이쪽
  イッチョク
- そちら
  그쪽
  クッチョク
- あちら
  저쪽
  チョッチョク
- 真ん中
  가운데
  カウンデ

- 右側
  오른쪽
  オルンッチョク
- 左側
  왼쪽
  ウェンッチョク
- 向かい側
  맞은 편
  マジュン ピョン
- 向こう側
  건너 편
  コンノ ピョン
- 上
  위
  ウィ
- 下
  아래
  アレ
- 真下
  밑
  ミッ
- 前
  앞
  アプ
- 横
  옆
  ヨプ
- 後ろ
  뒤
  トゥイ

- 内
  안
  アン
- 中
  속
  ソク
- 外
  밖
  パク
- 東側
  동쪽
  トンッチョク
- 西側
  서쪽
  ソッチョク
- 南側
  남쪽
  ナムッチョク
- 北側
  북쪽
  プクッチョク
- 方向
  방향
  パンヒャン
- 現在地
  현재 위치
  ヒョンジェ ウィチ
- 近所
  근처
  クンチョ

漢数字

한자 숫자
ハンチャ　スッチャ

□ 一	□ 十一	□ 七十
일 イル	십일 シビル	칠십 チルシプ
□ 二	□ 十二	□ 八十
이 イ	십이 シビ	팔십 パルシプ
□ 三	□ 十五	□ 九十
삼 サム	십오 シボ	구십 クシプ
□ 四	□ 十六	□ 百
사 サ	십육 シムニュク	백 ペク
□ 五	□ 二十	□ 百五十
오 オ	이십 イシプ	백오십 ペゴシプ
□ 六	□ 二十五	□ 千
육 ユク	이십오 イシボ	천 チョン
□ 七	□ 三十	□ 万
칠 チル	삼십 サムシプ	만 マン
□ 八	□ 四十	□ 十万
팔 パル	사십 サシプ	십만 シムマン
□ 九	□ 五十	□ 百万
구 ク	오십 オシプ	백만 ペンマン
□ 十	□ 六十	□ 億
십 シプ	육십 ユクシプ	억 オク

固有数字

고유 숫자
コユ　スッチャ

□ 1 하나 ハナ	□ 11 열 하나 ヨル ハナ	□ 21 스물 하나 スムル ハナ
□ 2 둘 トゥル	□ 12 열 둘 ヨル トゥル	□ 22 스물 둘 スムル トゥル
□ 3 셋 セッ	□ 13 열 셋 ヨル セッ	□ 25 스물 다섯 スムル タソッ
□ 4 넷 ネッ	□ 14 열 넷 ヨル レッ	□ 30 서른 ソルン
□ 5 다섯 タソッ	□ 15 열 다섯 ヨル タソッ	□ 40 마흔 マフン
□ 6 여섯 ヨソッ	□ 16 열 여섯 ヨル ヨソッ	□ 50 쉰 スィン
□ 7 일곱 イルゴプ	□ 17 열 일곱 ヨル イルゴプ	□ 60 예순 イェスン
□ 8 여덟 ヨドル	□ 18 열 여덟 ヨル ヨドル	□ 70 일흔 イルン
□ 9 아홉 アホプ	□ 19 열 아홉 ヨル アホプ	□ 80 여든 ヨドゥン
□ 10 열 ヨル	□ 20 스물 スムル	□ 90 아흔 アフン

数詞 　수사 スサ

漢数字を使うもの

- ☐ 分　분 プン
- ☐ 秒　초 チョ
- ☐ 年　년 ニョン
- ☐ 月　월 ウォル
- ☐ 日　일 イル
- ☐ 週　주일 チュイル
- ☐ ～カ月　개월 ケウォル
- ☐ 階　층 チュン
- ☐ 泊　박 パク

固有数字を使うもの

- ☐ 歳　살 サル
- ☐ 個　개 ケ
- ☐ 回　번 ポン
- ☐ 回目　번째 ポンッチェ

※「1回目」は 첫번째 [チョッポンッチェ]、「2回目」は 두번째 [トゥポンッチェ] になります。

- ☐ 人　사람 サラム
- ☐ 名　명 ミョン
- ☐ 枚　장 チャン
- ☐ 匹　마리 マリ

- ☐ 冊　권 クォン
- ☐ 杯　잔 チャン
- ☐ 本　병 ピョン
- ☐ 台　대 テ
- ☐ 着（服を数える）　벌 ポル
- ☐ 輪　송이 ソンイ
- ☐ 通　통 トン
- ☐ 編　편 ピョン
- ☐ 時間　시간 シガン
- ☐ 時　시 シ

単位 / 단위 タヌィ

長さ / 길이 キリ

- □ ミリメートル (mm)
  밀리미터 ミルリミト
- □ センチメートル (cm)
  센티미터 センティミト

※ 센티미터は「センチ」센티 [センティ] と省略することもできます。

- □ メートル (m)
  미터 ミト
- □ キロメートル (km)
  킬로미터 キルロミト

かさ / 부피 プピ

- □ シーシー (cc)
  씨 씨 シシ
- □ ミリリットル (ml)
  밀리리터 ミルリリト
- □ デシリットル (dl)
  데시리터 テシリト
- □ リットル (l)
  리터 リト
- □ 立方センチメートル
  입방센티미터 イプパンセンティミト
- □ 立方メートル
  입방미터 イプパンミト
- □ 立方キロメートル
  입방킬로미터 イプパンキルロミト

重さ / 무게 ムゲ

- □ ミリグラム (mg)
  밀리그램 ミルリグレム
- □ グラム (g)
  그램 グレム
- □ キログラム (kg)
  킬로그램 キルログレム

※ 킬로그램は「キロ」킬로 [キルロ] と省略することもできます。

- □ トン (ton)
  톤 トン

広さ / 넓이 ノルビ

- □ 坪
  평 ピョン
- □ 平方センチメートル
  평방센티미터 ピョンバンセンティミト
- □ 平方メートル
  평방미터 ピョンバンミト
- □ 平方キロメートル
  평방킬로미터 ピョンバンキルロミト

通貨 / 유통화폐 ユトンファペ

- □ ウォン
  원 ウォン
- □ 円
  엔 エン
- □ ドル
  달러 タルロ
- □ ユーロ
  유로 ユロ

とき① 시간 シガン

□ 1時	□ 11時	□ 60分
한 시 ハン シ	열 한 시 ヨル ハン シ	육십분 ユクシプブン
□ 2時	□ 12時	□ 120分
두 시 トゥ シ	열 두 시 ヨル トゥ シ	백이십분 ペギシプブン
□ 3時	□ 24時	□ 3秒
세 시 セ シ	스물 네 시 スムル ネ シ	삼초 サムチョ
□ 4時	□ 1分	□ 10秒
네 시 ネ シ	일분 イルブン	십초 シプチョ
□ 5時	□ 3分	□ 15秒
다섯 시 タソッ シ	삼분 サムブン	십오초 シポチョ
□ 6時	□ 5分	□ 30秒
여섯 시 ヨソッ シ	오분 オブン	삼십초 サムシプチョ
□ 7時	□ 10分	□ 60秒
일곱 시 イルゴプ シ	십분 シプブン	육십초 ユクシプチョ
□ 8時	□ 15分	□ 何時
여덟 시 ヨドル シ	십오분 シポブン	몇 시 ミョッシ
□ 9時	□ 30分	□ 何分
아홉 시 アホプ シ	삼십분 サムシプブン	몇 분 ミョップン
□ 10時	□ 45分	□ 何秒
열 시 ヨル シ	사십오분 サシポブン	몇 초 ミョッチョ

とき② 시간 シガン

今日	今週	週末
오늘 オヌル	이번 주 イボン チュ	주말 チュマル

昨日	先週	月末
어제 オジェ	지난주 チナンジュ	월말 ウォルマル

明日	来週	年末
내일 ネイル	다음 주 タウム チュ	연말 ヨンマル

明後日	今月	上旬
모레 モレ	이번 달 イボン タル	초순 チョスン

～日前	先月	中旬
일전 イルジョン	지난달 チナンダル	중순 チュンスン

～日後	来月	下旬
일후 イルフ	다음 달 タウム タル	하순 ハスン

朝	今年	1日間
아침 アチム	올해 オレ	하루 ハル

昼	去年	2日間
낮 ナッ	작년 チャンニョン	이틀 イトゥル

夕方	来年	3日間
저녁 チョニョク	내년 ネニョン	사흘 サフル

夜	再来年	4日間
밤 パム	내후년 ネフニョン	나흘 ナフル

暦 달력
タルリョク

- [ ] 1年
  - 일년
  - イルリョン
- [ ] 5年
  - 오년
  - オニョン
- [ ] 10年
  - 십년
  - シムニョン
- [ ] 100年
  - 백년
  - ペンニョン
- [ ] 2010年
  - 이천십년
  - イチョンシムニョン
- [ ] 1月
  - 일월
  - イロル
- [ ] 2月
  - 이월
  - イウォル
- [ ] 3月
  - 삼월
  - サモル
- [ ] 4月
  - 사월
  - サウォル
- [ ] 5月
  - 오월
  - オウォル
- [ ] 6月
  - 유월
  - ユウォル
- [ ] 7月
  - 칠월
  - チロル
- [ ] 8月
  - 팔월
  - パロル
- [ ] 9月
  - 구월
  - クウォル
- [ ] 10月
  - 시월
  - シウォル
- [ ] 11月
  - 십일월
  - シビロル
- [ ] 12月
  - 십이월
  - シビウォル
- [ ] 1日
  - 일일
  - イリル
- [ ] 2日
  - 이일
  - イイル
- [ ] 10日
  - 십일
  - シビル
- [ ] 月曜日
  - 월요일
  - ウォリョイル
- [ ] 火曜日
  - 화요일
  - ファヨイル
- [ ] 水曜日
  - 수요일
  - スヨイル
- [ ] 木曜日
  - 목요일
  - モギョイル
- [ ] 金曜日
  - 금요일
  - クミョイル
- [ ] 土曜日
  - 토요일
  - トヨイル
- [ ] 日曜日
  - 일요일
  - イリョイル
- [ ] 平日
  - 평일
  - ピョンイル
- [ ] 休日
  - 휴일
  - ヒュイル
- [ ] 祝日
  - 경축일
  - キョンチュギル

季節／気候 계절/기후 ケジョル キフ

- 春 — 봄 (ボム)
- 夏 — 여름 (ヨルム)
- 秋 — 가을 (カウル)
- 冬 — 겨울 (キョウル)
- 春分 — 춘분 (チュンブン)
- 秋分 — 추분 (チュブン)
- 梅雨 — 장마 (チャンマ)
- 初夏 — 첫여름 (チョンニョルム) ※実際の発音は [천녀름]
- 真夏 — 한여름 (ハンニョルム)
- 天気 — 날씨 (ナルッシ)
- 晴れ — 맑음 (マルグム)
- 曇り — 흐림 (フリム)
- 雲 — 구름 (クルム)
- 雨 — 비 (ピ)
- 雪 — 눈 (ヌン)
- 霧 — 안개 (アンゲ)
- 霜 — 서리 (ソリ)
- 風 — 바람 (パラム)
- 台風 — 태풍 (テプン)
- 雷 — 천둥 (チョンドゥン)
- 夕立 — 소나기 (ソナギ)
- 気温 — 기온 (キオン)
- 湿度 — 습도 (スプト)
- 乾燥 — 건조 (コンジョ)
- 低気圧 — 저기압 (チョギアプ)
- 高気圧 — 고기압 (コギアプ)
- 暑い — 덥다 (トプタ)
- 寒い — 춥다 (チュプタ)
- 涼しい — 시원하다 (シウォナダ)
- 暖かい — 따뜻하다 (タットゥタダ)

基本単語

11

● 日常単語

家　집
チブ

□ 住宅	□ 床	□ 廊下
주택 チュテク	바닥 パダク	복도 ポクト
□ マンション	□ 壁	□ 台所
맨션 メンション	벽 ピョク	부엌 プオク
□ ワンルーム	□ 窓	□ 寝室
원룸 ウォンルム	창문 チャンムン	침실 チムシル
□ 下宿	□ 障子	□ 応接室
하숙 ハスク	장지 チャンジ	응접실 ウンジョプシル
□ ドア	□ カーテン	□ 居間
문 ムン	커튼 コトゥン	거실 コシル
□ ガレージ	□ 天井	□ 本棚
차고 チャゴ	천장 チョンジャン	책장 チェクチャン
□ 庭	□ 屋根	□ 押入れ
정원 チョンウォン	지붕 チブン	벽장 ピョクチャン
□ 玄関	□ 煙突	□ ベッド
현관 ヒョングァン	굴뚝 クルットゥク	침대 チムデ
□ 階段	□ オンドル	□ ソファー
계단 ケダン	온돌 オンドル	소파 ソパ
□ 部屋	□ ボイラー	□ テーブル
방 パン	보일러 ポイルロ	테이블 テイブル

日常単語

日用品 / 일용품
イリョンプム

- □ テレビ
  텔레비전
  テルレビジョン
- □ ビデオ
  비디오
  ビディオ
- □ オーディオ
  오디오
  オディオ
- □ 電気スタンド
  전기 스탠드
  チョンギ ステンドゥ
- □ 電話機
  전화기
  チョナギ
- □ 扇風機
  선풍기
  ソンプンギ
- □ エアコン
  에어컨
  エオコン
- □ 電子レンジ
  전자레인지
  チョンジャレインジ
- □ 炊飯器
  전기밥솥
  チョンギパプソッ
- □ 掃除機
  청소기
  チョンソギ

- □ ほうき
  빗자루
  ピッチャル
- □ ゴミ箱
  쓰레기통
  スレギトン
- □ 雑巾
  걸레
  コルレ
- □ 洗濯機
  세탁기
  セタッキ
- □ 洗剤
  세제
  セジェ
- □ タオル
  수건
  スゴン
- □ ハンガー
  옷걸이
  オッコリ
- □ 鏡
  거울
  コウル
- □ ドライヤー
  드라이어
  トゥライオ
- □ くし
  빗
  ピッ

- □ 布団
  이불
  イブル
- □ 毛布
  담요
  タムニョ
- □ 枕
  베개
  ペゲ
- □ 蚊取り線香
  모기향
  モギヒャン
- □ 針
  바늘
  パヌル
- □ 糸
  실
  シル
- □ はさみ
  가위
  カウィ
- □ セロテープ
  셀로판테이프
  セルロパンテイプ
- □ のり
  풀
  プル
- □ 封筒
  봉투
  ポントゥ

オフィス　　　오피스
オピス

□ 会社	□ 輸出	□ 有給
회사 フェサ	수출 スチュル	유급 ユグプ
□ 事務所	□ 輸入	□ 勤務
사무소 サムソ	수입 スイプ	근무 クンム
□ 支店	□ 商品	□ 残業
지점 チジョム	상품 サンプム	잔업 チャノプ
□ 商社	□ 品質	□ 出張
상사 サンサ	품질 プムジル	출장 チュルチャン
□ 経営	□ 管理	□ 会議
경영 キョンヨン	관리 クァルリ	회의 ウェイ
□ 貿易	□ 収入	□ 従業員
무역 ムヨク	수입 スイプ	종업원 チョンオプォン
□ 取引	□ 支出	□ 社長
거래 コレ	지출 チチュル	사장 サジャン
□ 外為	□ 決算	□ 役員
외환 ウェファン	결산 キョルサン	임원 イムォン
□ 金融	□ 給料	□ 社員
금융 クミュン	월급 ウォルグプ	사원 サウォン
□ 営業	□ ボーナス	□ 組合員
영업 ヨンオプ	보너스 ポノス	조합원 チョハブォン

職業 / 직업
チゴプ

□ 会社員	회사원	フェサウォン
□ 銀行員	은행원	ウネンウォン
□ 公務員	공무원	コンムウォン
□ 自営業	자영업	チャヨンオプ
□ 警察官	경찰관	キョンチャルグァン
□ 消防士	소방사	ソバンサ
□ 運転手	운전 기사	ウンジョン キサ
□ エンジニア	엔지니어	エンジニオ
□ 美容師	미용사	ミヨンサ
□ 販売員	판매원	パンメウォン
□ 通訳	통역	トンヨク
□ 翻訳	번역	ポニョク
□ 医師	의사	ウィサ
□ 看護師	간호사	カノサ
□ 弁護士	변호사	ピョノサ
□ 会計士	회계사	フェゲサ
□ 教授	교수	キョス
□ 講師	강사	カンサ
□ 議員	의원	ウィウォン
□ 政治家	정치가	チョンチガ
□ 農業	농업	ノンオプ
□ 漁師	어부	オブ
□ 主婦	주부	チュブ
□ 俳優	배우	ペウ
□ 小説家	소설가	ソソルガ
□ 画家	화가	ファガ
□ 客室乗務員	객실승무원	ケクシルスンムウォン
□ アナウンサー	아나운서	アナウンソ
□ スポーツ選手	스포츠 선수	スポチュ ソンス
□ フリーター	백수	ペクス

趣味 — **취미** チュイミ

□ 旅行	여행	ヨヘン
□ 温泉	온천	オンチョン
□ 釣り	낚시	ナクシ
□ キャンプ	캠프	ケンプ
□ 登山	등산	トゥンサン
□ 水泳	수영	スヨン
□ テニス	테니스	テニス
□ 卓球	탁구	タックッ
□ ジョギング	조깅	チョギン
□ マラソン	마라톤	マラトン
□ ドライブ	드라이브	トゥライブ
□ ボーリング	볼링	ポルリン
□ ビリヤード	당구	タング
□ 囲碁	바둑	パドゥク
□ 将棋	장기	チャンギ
□ 麻雀	마작	マジャク
□ 花札	화투	ファトゥ
□ トランプ	트럼프	トゥロムプ
□ ボードゲーム	보드게임	ポドゥゲイム
□ 読書	독서	トゥソ
□ 映画	영화	ヨンファ
□ 演劇	연극	ヨングッ
□ コンサート	콘서트	コンソトゥ
□ 盆栽	분재	プンジェ
□ ガーデニング	원예	ウォネ
□ 美術	미술	ミスル
□ 絵	그림	クリム
□ 陶芸	도예	トイェ
□ 編み物	뜨개질	トゥゲジル
□ 刺繍	자수	チャス

16

日常単語

ランドマーク

랜드마크
レンドゥマク

□ 銀行	□ 劇場	□ 教会
은행 ウネン	극장 ククチャン	교회 キョフェ

□ 郵便局	□ ホテル	□ 聖堂
우체국 ウチェグク	호텔 ホテル	성당 ソンダン

□ 図書館	□ コンビニ	□ 寺
도서관 トソグァン	편의점 ピョニジョム	절 チョル

□ 市役所	□ スーパー	□ 神社
시청 シチョン	슈퍼마켓 シュポマケッ	신사 シンサ

□ 警察署	□ デパート	□ ビル
경찰서 キョンチャルソ	백화점 ペクァジョム	빌딩 ビルディン

□ 交番	□ 市場	□ 工場
파출소 パチュルソ	시장 シジャン	공장 コンジャン

□ 病院	□ 商店街	□ 駐車場
병원 ピョンウォン	상가 サンガ	주차장 チュチャジャン

□ 美術館	□ 食堂	□ 公園
미술관 ミスルグァン	식당 シクタン	공원 コンウォン

□ 博物館	□ レストラン	□ 案内所
박물관 パンムルグァン	레스토랑 レストラン	안내소 アンネソ

□ 映画館	□ 店	□ 公衆トイレ
영화관 ヨンファグァン	가게 カゲ	공중 화장실 コンジュン ファジャンシル

自然／地理

자연/지리
チャヨン　チリ

□ 海	□ 渓谷	□ 大陸
바다 パダ	계곡 ケゴク	대륙 テリュク

□ 海岸	□ 森	□ 太平洋
해안 ヘアン	숲 スプ	태평양 テピョンヤン

□ 湾	□ 山脈	□ 日本海
만 マン	산맥 サンメク	동해 トンヘ　※韓国では「東海」と呼びます。

□ 港	□ 平野	□ 黄海
항구 ハング	평야 ピョンヤ	황해 ファンヘ

□ 山	□ 盆地	□ 田んぼ
산 サン	분지 プンジ	논 ノン

□ 川	□ 砂漠	□ 畑
강 カン	사막 サマク	밭 パッ

□ 小川	□ 低地	□ 住宅地
시내 シネ	저지대 チョジデ	주택지 チュテクチ

□ 湖	□ 高地	□ 工業地帯
호수 ホス	고지대 コジデ	공업지대 コンオプチデ

□ 湿地	□ 島	□ 市街地
습지 スプチ	섬 ソム	시가지 シガジ

□ 沼	□ 半島	□ 空き地
늪 ヌプ	반도 パンド	빈터 ピント

動物／植物

동물/식물
トンムル　シンムル

- □ ネズミ
  쥐
  チュィ
- □ 牛
  소
  ソ
- □ 虎
  호랑이
  ホランイ
- □ ウサギ
  토끼
  トッキ
- □ 竜
  용
  ヨン
- □ ヘビ
  뱀
  ペム
- □ 馬
  말
  マル
- □ 羊
  양
  ヤン
- □ 猿
  원숭이
  ウォンスンイ
- □ ニワトリ
  닭
  タク

- □ 犬
  개
  ケ
- □ イノシシ
  멧돼지
  メットェジ
- □ 猫
  고양이
  コヤンイ
- □ 豚
  돼지
  テェジ
- □ 鳥
  새
  セ
- □ カラス
  까마귀
  カマグィ
- □ スズメ
  참새
  チャムセ
- □ 魚
  물고기
  ムルコギ
- □ クジラ
  고래
  コレ
- □ イルカ
  돌고래
  トルゴレ

- □ 花
  꽃
  コッ
- □ 木
  나무
  ナム
- □ 菊
  국화
  ククァ
- □ 朝鮮ツツジ
  진달래
  チンダルレ
- □ レンギョウ
  개나리
  ケナリ
- □ ホウセンカ
  봉선화
  ポンソナ
- □ サクラ
  벚나무
  ポンナム
- □ ヒマワリ
  해바라기
  ヘパラギ
- □ アサガオ
  나팔꽃
  ナパルコッ
- □ タンポポ
  민들레
  ミンドゥルレ

健康 건강
コンガン

□ 頭痛	□ めまい	□ 歯科
두통 トゥトン	현기증 ヒョンギチュン	치과 チクァ

□ 腹痛	□ はきけ	□ 消化器科
복통 ポクトン	구역질 クヨクチル	소화기과 ソファギクァ

□ 歯痛	□ 発作	□ 呼吸器科
치통 チトン	발작 パルチャク	호흡기과 ホフプキクァ

□ 生理痛	□ 乗り物酔い	□ 小児科
생리통 センニトン	멀미 モルミ	소아과 ソアクァ

□ 虫歯	□ アレルギー	□ 急病センター
충치 チュンチ	알레르기 アルレルギ	응급 센터 ウングプ セント

□ やけど	□ 注射	□ 痛み
화상 ファサン	주사 チュサ	통증 トンチュン

□ 骨折	□ 検査	□ 痛い
골절 コルチョル	검사 コムサ	아프다 アプダ

□ 風邪	□ 薬	□ かゆい
감기 カムギ	약 ヤク	가렵다 カリョプタ

□ 下痢	□ 外科	□ しびれる
설사 ソルサ	외과 ウェクァ	저리다 チョリダ

□ 便秘	□ 内科	□ つらい
변비 ピョンビ	내과 ネクァ	괴롭다 ケロプタ

日常単語

身体の部位

신체 부위
シンチェ ブウィ

- ☐ 顔
  - 얼굴
  - オルグル
- ☐ 髪の毛
  - 머리카락
  - モリカラク
- ☐ 額
  - 이마
  - イマ
- ☐ 目
  - 눈
  - ヌン
- ☐ 眉毛
  - 눈썹
  - ヌンッソプ
- ☐ 鼻
  - 코
  - コ
- ☐ 耳
  - 귀
  - クィ
- ☐ 口
  - 입
  - イプ
- ☐ 唇
  - 입술
  - イプスル
- ☐ 歯
  - 이
  - イ

- ☐ 頭
  - 머리
  - モリ
- ☐ 首
  - 목
  - モク
- ☐ 体
  - 몸
  - モム
- ☐ 肩
  - 어깨
  - オッケ
- ☐ 腕
  - 팔
  - パル
- ☐ 手
  - 손
  - ソン
- ☐ 手のひら
  - 손바닥
  - ソンパダク
- ☐ 指
  - 손가락
  - ソンカラク
- ☐ 爪
  - 손톱
  - ソントプ
- ☐ 胸
  - 가슴
  - カスム

- ☐ 腹
  - 배
  - ペ
- ☐ 背中
  - 등
  - トゥン
- ☐ 足
  - 다리
  - タリ
- ☐ 膝
  - 무릎
  - ムルプ
- ☐ 内臓
  - 내장
  - ネジャン
- ☐ 心臓
  - 심장
  - シムジャン
- ☐ 肺
  - 폐
  - ペ
- ☐ 肝臓
  - 간장
  - カンジャン
- ☐ 胃腸
  - 위장
  - ウィジャン
- ☐ 子宮
  - 자궁
  - チャグン

● 旅行単語

交通①

교통
キョトン

☐ 飛行機	☐ 乗客	☐ 切符売り場
비행기 ピヘンギ	승객 スンゲゥ	매표소 メピョソ

☐ 空港	☐ 乗車	☐ 行き先
공항 コンハン	승차 スンチャ	행선지 ヘンソンジ

☐ リコンファーム	☐ 電車	☐ 料金
재확인 チェファギン	전철 チョンチョル	요금 ヨグム

☐ 搭乗券	☐ 特急	☐ 時刻表
탑승권 タプスンクォン	특급 トゥックプ	시간표 シガンピョ

☐ パスポート	☐ 急行	☐ ターミナル
여권 ヨクォン	급행 クペン	터미널 トミノル

☐ 搭乗口	☐ 各駅停車	☐ 港
탑승구 タプスング	완행 ワネン	항구 ハング

☐ 目的地	☐ 地下鉄	☐ 船
목적지 モクチョクチ	지하철 チハチョル	배 ペ

☐ 手荷物	☐ 私鉄	☐ 客船
수하물 スハムル	사철 サチョル	객선 ケクソン

☐ 免税	☐ 駅	☐ 遊覧船
면세 ミョンセ	역 ヨク	유람선 ユラムソン

☐ 税関	☐ 改札口	☐ フェリー
세관 セグァン	개찰구 ケチャルグ	페리 ペリ

旅行単語

交通② 　　　　　　　　　교통
　　　　　　　　　　　　　　キョトン

☐ 自動車	자동차 チャドンチャ	☐ 循環バス	순환 버스 スヌァン ボス	☐ 歩道	보도 ボド
☐ 乗用車	승용차 スンヨンチャ	☐ リムジンバス	리무진 버스 リムジン ボス	☐ 横断歩道	횡단보도 フェンダンボド
☐ タクシー	택시 テクシ	☐ 停留所	정류장 チョンニュジャン	☐ 歩道橋	육교 ユクキョ
☐ 模範タクシー	모범 택시 モボム テクシ	☐ オートバイ	오토바이 オトバイ	☐ 歩く	걷다 コッタ
☐ トランク	트렁크 トゥロンク	☐ 高速道路	고속도로 コソクトロ	☐ 乗る	타다 タダ
☐ メーター	미터 ミト	☐ 料金所	요금소 ヨグムソ	☐ 降りる	내리다 ネリダ
☐ タクシー乗り場	택시 타는 곳 テクシ タヌン コッ	☐ ガソリンスタンド	주유소 チュユソ	☐ 走る	달리다 タルリダ
☐ レンタカー	렌트카 レントゥカ	☐ 交差点	사거리 サゴリ	☐ 止まる	멈추다 モムチュダ
☐ 高速バス	고속버스 コソクボス	☐ 信号	신호등 シノドゥン	☐ (速度が)速い	빠르다 パルダ
☐ 市内バス	시내 버스 シネ ボス	☐ 車道	차도 チャド	☐ (速度が)遅い	느리다 ヌリダ

23

宿泊 숙박
スクバク

- ホテル
  호텔
  ホテル
- 旅館
  여관
  ヨグァン
- ペンション
  펜션
  ペンション
- 予約
  예약
  イェヤク
- 一泊
  일박
  イルパク
- 延長
  연장
  ヨンジャン
- 取り消し
  취소
  チュイソ
- 空き部屋
  빈방
  ピンバン
- 客室
  객실
  ケクシル
- ルームナンバー
  방 번호
  パンボノ

- シングル
  싱글
  シングル
- ツイン
  트윈
  トゥイン
- ダブル
  더블
  トブル
- トリプル
  트리플
  トゥリプル
- フロント
  프론트
  プロントゥ
- 非常口
  비상구
  ピサング
- チェックイン
  체크인
  チェクイン
- チェックアウト
  체크아웃
  チェクアウッ
- 鍵
  열쇠
  ヨルセ
- 貴重品
  귀중품
  クィジュンプム

- 前払い
  선불
  ソンブル
- 精算
  정산
  チョンサン
- アメニティ
  어메니티
  オメニティ
- モーニングコール
  모닝콜
  モニンコル
- シャワー
  샤워
  シャウォ
- バスタオル
  목욕타올
  モギョクタオル
- 泊まる
  묵다
  ムクタ
- 寝る
  자다
  チャダ
- 起きる
  일어나다
  イロナダ
- 預ける
  맡기다
  マッキダ

観光 / 관광 クァングァン

- 観光地 — 관광지 クァングァンジ
- 観光案内センター — 관광 안내 센터 クァングァン アンネ セント
- 民俗村 — 민속촌 ミンソクチョン
- 史跡 — 사적 サジョク
- 遺跡 — 유적 ユジョク
- 古宮 — 고궁 コグン
- 歴史博物館 — 역사박물관 ヨクサパンムルグァン
- 展示館 — 전시관 チョンシグァン
- 記念館 — 기념관 キニョムグァン
- 伝統音楽 — 전통음악 チョントンウマク
- 仮面劇 — 탈춤 タルチュム
- ナンタ — 난타 ナンタ
- 舞踊 — 무용 ムヨン
- 伝統工芸 — 전통공예 チョントンコンイェ
- 体験ツアー — 체험 투어 チェホム トゥオ
- 祭り — 축제 チュクチェ
- 行事 — 행사 ヘンサ
- 夜景 — 야경 ヤギョン
- ロケ地 — 촬영지 チャリョンジ
- ゴルフ場 — 골프장 コルプジャン
- グルメ — 미식 ミシク
- 宮中料理 — 궁중요리 クンジュンニョリ
- 汗蒸幕 — 한증막 ハンジュンマク
- チムジルバン — 찜질방 チムジルバン
- エステ — 피부관리 ピブクァルリ
- 美しい — 아름답다 アルムダプタ
- 観る — 보다 ポダ
- 聴く — 듣다 トゥッタ
- 遊ぶ — 놀다 ノルダ
- 楽しむ — 즐기다 チュルギダ

食材 / 음식 재료

日本語	韓国語 (読み)
野菜	야채 (ヤチェ)
ハクサイ	배추 (ペチュ)
ネギ	파 (パ)
キュウリ	오이 (オイ)
ダイコン	무 (ム)
ニンジン	당근 (タングン)
ホウレン草	시금치 (シグムチ)
ワラビ	고사리 (コサリ)
キノコ	버섯 (ポソッ)
サンチュ	상추 (サンチュ)
肉	고기 (コギ)
鶏肉	닭고기 (タクコギ)
豚肉	돼지고기 (テジコギ)
牛肉	쇠고기 (セコギ)
魚介類	어패류 (オペリュ)
魚	생선 (センソン)
太刀魚	갈치 (カルチ)
鯖	고등어 (コドゥンオ)
イシモチ	조기 (チョギ)
アマダイ	옥돔 (オクトム)
タラ	대구 (テグ)
イカ	오징어 (オジンオ)
エビ	새우 (セウ)
タコ	문어 (ムノ)
貝	조개 (チョゲ)
豆腐	두부 (トゥブ)
卵	계란 (ケラン)
牛乳	우유 (ウユ)
ニンニク	마늘 (マヌル)
唐辛子	고추 (コチュ)

調味料／食器

조미료/식기
チョミリョ　シクキ

- □ 塩
  소금
  ソグム
- □ コショウ
  후추
  フチュ
- □ 砂糖
  설탕
  ソルタン
- □ 醤油
  간장
  カンジャン
- □ 味噌
  된장
  テンジャン
- □ 酢
  식초
  シクチョ
- □ ごま油
  참기름
  チャムギルム
- □ マヨネーズ
  마요네즈
  マヨネジュ
- □ ケチャップ
  케첩
  ケチャプ
- □ ソース
  소스
  ソス

- □ ごま
  깨
  ケ
- □ カラシ
  겨자
  キョジャ
- □ 唐辛子粉
  고추가루
  コチュカル
- □ 唐辛子味噌
  고추장
  コチュジャン
- □ 箸
  젓가락
  チョッカラク
- □ スプーン
  숟가락
  スッカラク
- □ フォーク
  포크
  ポク
- □ ナイフ
  나이프
  ナイプ
- □ 皿
  접시
  チョプシ
- □ お椀
  그릇
  クルッ

- □ コップ
  컵
  コプ
- □ やかん
  주전자
  チュジョンジャ
- □ 湯のみ
  찻잔
  チャッチャン
- □ フライパン
  프라이팬
  プライペン
- □ 鍋
  냄비
  ネムビ
- □ 包丁
  칼
  カル
- □ まな板
  도마
  トマ
- □ お玉
  국자
  ククチャ
- □ しゃもじ
  주걱
  チュゴク
- □ ふきん
  행주
  ヘンジュ

食事① 식사 シクサ

□ 朝食	아침	アチム
□ 昼食	점심	チョムシム
□ 夕食	저녁	チョニョク
□ ご飯	밥	パプ
□ パン	빵	パン
□ 日本食	일식	イルシク
□ 中華	중국식	チュングクシク
□ 洋食	양식	ヤンシク
□ ハンバーガー	햄버거	ヘムボゴ
□ おやつ	간식	カンシク
□ デザート	후식	フシク
□ お菓子	과자	クァジャ
□ ケーキ	케이크	ケイク
□ アイスクリーム	아이스크림	アイスクリム
□ 飲み物	음료수	ウムニョス
□ コーヒー	커피	コピ
□ アイスコーヒー	냉커피	ネンコピ
□ 紅茶	홍차	ホンチャ
□ 緑茶	녹차	ノクチャ
□ 麦茶	보리차	ポリチャ
□ ココア	코코아	ココア
□ ジュース	쥬스	チュス
□ コーラ	콜라	コルラ
□ 水	물	ムル
□ 酒	술	スル
□ ビール	맥주	メクチュ
□ 焼酎	소주	ソジュ
□ マッコリ	막걸리	マクコルリ
□ 清酒	청주	チョンジュ
□ ウイスキー	위스키	ウィスキ

28

旅行単語

食事② 식사
シクサ

- 鍋物
찌개
チゲ

- 焼き物
구이
クイ

- 麺類
면
ミョン

- 汁物
탕
タン

- 寄せ鍋
전골
チョンゴル

- 粥
죽
チュク

- 焼肉
불고기
プルゴギ

- 豚三枚焼肉
삼겹살
サムギョプサル

- 焼き魚
생선구이
センソングイ

- 冷麺
냉면
ネンミョン

- モツ鍋
곱창전골
コプチャンチョンゴル

- 味噌鍋
된장찌개
テンジャンチゲ

- 純豆腐鍋
순두부찌개
スンドゥブチゲ

- キムチチゲ
김치찌개
キムチチゲ

- 海鮮辛味噌スープ鍋
매운탕
メウンタン

- 鶏辛煮込み
닭도리탕
タクトリタン

- 海鮮スープ
해물탕
ヘムルタン

- カルビスープ
갈비탕
カルビタン

- 鱈スープ
대구탕
テグタン

- 蔘鶏湯
삼계탕
サムゲタン

- 海苔巻き
김밥
キムパプ

- ビビンパ
비빔밥
ピビムパプ

- アワビ粥
전복죽
チョンボクチュク

- 食べる
먹다
モクタ

- 飲む
마시다
マシダ

- おいしい
맛있다
マシッタ

- 辛い
맵다
メプタ

- 甘い
달다
タルダ

- しょっぱい
짜다
チャダ

- 苦い
쓰다
スダ

ショッピング

쇼핑
ショピン

□ 腕時計	□ スカーフ	□ 買う
손목 시계 ソンモㇰ シゲ	스카프 スカプ	사다 サダ

□ 革製品	□ ネクタイ	□ 探す
가죽제품 カジュㇰチェブㇺ	넥타이 ネㇰタイ	찾다 チャッタ

□ かばん	□ ブランド品	□ 大きい
가방 カバン	브랜드품 ブレンドゥブㇺ	크다 クダ

□ ハンドバッグ	□ 陶磁器	□ 小さい
핸드백 ヘンドゥベㇰ	도자기 トジャギ	작다 チャㇰタ

□ 財布	□ 骨董品	□ 高い
지갑 チガㇷ゚	골동품 コㇽトンブㇺ	비싸다 ピッサダ

□ ベルト	□ 記念品	□ 安い
벨트 ベㇽトゥ	기념품 キニョㇺブㇺ	싸다 サダ

□ アクセサリー	□ キーホルダー	□ 赤い色
악세사리 アㇰセサリ	열쇠걸이 ヨㇽセゴリ	빨간 색 パㇽガン セㇰ

□ ネックレス	□ ストラップ	□ 青い色
목걸이 モㇰコリ	스트랩 ストゥレㇷ゚	파란 색 パラン セㇰ

□ 指輪	□ 絵葉書	□ 黄色
반지 パンジ	그림 엽서 クリㇺニョㇷ゚ソ	노란 색 ノラン セㇰ

□ 日傘	□ 化粧品	□ 黒い色
양산 ヤンサン	화장품 ファジャンブㇺ	검은 색 コムン セㇰ

旅行単語

ファッション

패션
ペション

- 服
  - 옷
  - オッ
- ワンピース
  - 원피스
  - ウォンピス
- スーツ
  - 양복
  - ヤンポク
- スカート
  - 치마
  - チマ
- ズボン
  - 바지
  - パジ
- ジャケット
  - 자켓
  - チャケッ
- ブラウス
  - 블라우스
  - ブルラウス
- Tシャツ
  - 티셔츠
  - ティショチュ
- 下着
  - 속옷
  - ソゴッ
- パジャマ
  - 잠옷
  - チャモッ

- 婦人服
  - 부인복
  - プインポク
- 紳士服
  - 신사복
  - シンサポク
- 子供服
  - 아동복
  - アドンポク
- チマチョゴリ（韓服）
  - 한복
  - ハンポク
- 帽子
  - 모자
  - モジャ
- 手袋
  - 장갑
  - チャンガプ
- 靴下
  - 양말
  - ヤンマル
- 靴
  - 구두
  - クドゥ
- ハンカチ
  - 손수건
  - ソンスゴン
- デザイン
  - 디자인
  - ティジャイン

- 長袖
  - 긴팔
  - キンパル
- 半袖
  - 반팔
  - パンパル
- 色
  - 색깔
  - セクッカル
- 模様
  - 무늬
  - ムニ
- 無地
  - 무지
  - ムジ
- 流行
  - 유행
  - ユヘン
- 素材
  - 소재
  - ソジェ
- 綿
  - 면
  - ミョン
- 絹
  - 비단
  - ピダン
- ウール
  - 모
  - モ

31

トラブル

트러블
トゥロブル

- ☐ 強盗
  강도
  カンド
- ☐ 盗難
  도난
  トナン
- ☐ 窃盗
  절도
  チョルト
- ☐ スリ
  소매치기
  ソメチギ
- ☐ 事件
  사건
  サコン
- ☐ 犯人
  범인
  ポミン
- ☐ 逮捕
  체포
  チェポ
- ☐ 被害届
  피해신고
  ピヘシンゴ
- ☐ 被害者
  피해자
  ピヘジャ
- ☐ 加害者
  가해자
  カヘジャ

- ☐ 交通事故
  교통 사고
  キョトン サゴ
- ☐ 故障
  고장
  コジャン
- ☐ 地震
  지진
  チジン
- ☐ 火災
  화재
  ファジェ
- ☐ 津波
  해일
  ヘイル
- ☐ 洪水
  홍수
  ホンス
- ☐ 落雷
  벼락
  ピョラク
- ☐ 災害
  재해
  チェヘ
- ☐ 保険
  보험
  ポホム
- ☐ 被害
  피해
  ピヘ

- ☐ 避難
  피난
  ピナン
- ☐ 危険
  위험
  ウィホム
- ☐ 安全
  안전
  アンジョン
- ☐ 証人
  증인
  チュンイン
- ☐ 証拠
  증거
  チュンゴ
- ☐ 病気
  병
  ピョン
- ☐ 負傷
  부상
  プサン
- ☐ パトカー
  경찰차
  キョンチャルチャ
- ☐ 救急車
  구급차
  クグプチャ
- ☐ 消防車
  소방차
  ソバンチャ